1943
ROOSEVELT E VARGAS EM NATAL

2ª edição

ROBERTO MUYLAERT

BÚSSOLA

SÃO PAULO
2012

Copyright © 2012 by Roberto Muylaert
robertomuylaert@rmceditora.com.br

Direitos mundiais de edição em língua portuguesa adquiridos por
Bússola Produções Culturais e Editora Ltda.

PESQUISA
Rodrigo de Faria e Silva
ARTE, CAPA E DIAGRAMAÇÃO
Gustavo Curcio e Maria Giani Pinho de Sousa
REVISÃO
Lizandra M. Almeida
PESQUISA FOTOGRÁFICA
Dinho Leite
PRODUÇÃO
RMC Editora Ltda.
GRÁFICA
Bartira Gráfica e Editora Ltda.
IMAGEM DE CAPA
Encontro de Getúlio Vargas e Franklin D. Roosevelt, em Natal, 1943 (FGV)
IMAGEM DA QUARTA CAPA
Comemoração, em 2012, do encontro de Getúlio Vargas e Franklin D. Roosevelt,
Natal, 1943 (Rommel Nóbrega)
RETRATO DO AUTOR
Maria do Carmo Bergamo

•

Dados Internacionais de Catalogação na Publicação (CIP)
(Câmara Brasileira do Livro, SP, Brasil)

Muylaert, Roberto
1943 Roosevelt e Vargas em Natal / Roberto Muylaert, 2ª edição
São Paulo: Bússola Produções Culturais e Editora Ltda., 2012

ISBN: 978-85-62969-12-6

Bibliografia: 1. Base aérea de Parnamirim – Natal/RN – História; 2. Brasil – História; 3. Brasil – Relações – Estados Unidos; 4. Estados Unidos – Relações – Brasil; 5. Fotografias; 6. Guerra Mundial, 1939-1945 – História; 7. Presidentes –Brasil; 8. Presidentes – Estados Unidos; 9. Reportagens investigativas; 10. Roosevelt, Franklin Delano, 1882-1945; 11. Vargas, Getúlio, 1883-1954 – I. Título.

12-03136
CDD-070.43

Índice para catálogo sistemático:
1. Jornalismo investigativo 070.43

Todos os direitos reservados. Nenhuma parte desta edição pode ser utilizada ou reproduzida – em qualquer meio ou forma, seja mecânico ou eletrônico, fotocópia, gravação etc. – nem apropriada ou estocada em sistema de banco de dados, sem a expressa autorização da editora.

*À Valentina,
a neta que ficou fora
dos outros livros.*

Introdução

Sempre me intrigou, a ponto de escrever este livro, aquela fotografia que ganhou o mundo, de Getúlio e Roosevelt sentados num jipe em Natal/RN, em 1943, quando a Segunda Guerra Mundial ainda não estava definida.

Como é possível que o presidente dos Estados Unidos da América, envolvido em dois conflitos tão sérios, na Europa e na Ásia, tivesse encontrado espaço na agenda, além de disposição física e mental, para vir até uma região distante de seu país, e dos próprios centros de decisão do Brasil, para passar em revista a base de Parnamirim, que chegou a ser o aeroporto com maior movimento de aviões no mundo, numa época em que o Brasil era ignorado em relação à guerra?

Na minha associação de ideias, pensava em aviões saindo para combater os alemães, voltando estropiados de violentas batalhas aéreas, com motores parados, graxa cobrindo o parabrisas, tripulantes baleados sem poder sair do seu posto nas protuberantes bolhas transparentes das metralhadoras, tudo como aconteceu com a Fortaleza Voadora B-17, chamada Memphis Belle, a mais famosa das aeronaves que participaram da guerra. Esse avião foi tema de um documentário feito em 1944 por William Wyler, e de um filme de Steven Spielberg, em 1990, em que ele resolve uma situação crítica de um pouso inviável com recursos de animação.

Quando se estuda melhor as circunstâncias da época, é fácil perceber que não haveria como travar batalhas com os alemães e retornar à base, com a vastidão do "estreito" do Atlântico Sul a separar os inimigos.

Assim, não haveria bombardeiros regressando avariados, nem filme de Spielberg a ser rodado em Natal. Nem por isso, a função daquela base aérea deixou de ser de grande importância, a de abastecer o Norte da África de mantimentos, equipamentos e aviões, enquanto o general Bernard Montgomery, inglês, travava uma feroz batalha de tanques contra Erwin Rommel, o legendário marechal alemão, em torno de El Alamein, de 23 de outubro a 4 de novembro de 1942.

E se não houvesse abastecimento a partir de Parnamirim, os Aliados teriam perdido a batalha do Norte da África, com resultados imprevisíveis para a continuação da guerra.

Mas Parnamirim também presenciou combates ao vivo, com tiros de metralhadora disparados por aviões americanos e pela Força Aérea Brasileira (FAB) contra submarinos alemães, também conhecidos como *U-boats,* que infestavam as costas brasileiras, e afundaram 33 navios mercantes nacionais, que levavam importantes mantimentos para a Europa.

E como Natal também servia como ponto de apoio para levar aviões para as bases americanas no Pacífico, era comum que fossem vistas em Parnamirim, além das B-17, que arrasaram cidades alemãs, algumas unidades da mais moderna e mortífera arma de guerra da época, a Fortaleza Voadora B-29, do tipo que executou os devastadores ataques com bombas atômicas em Hiroshima e Nagasaki.

O encontro entre os dois presidentes teve repercussões importantes para o Brasil, como o envio dos pracinhas para

INTRODUÇÃO

a Itália, decisão tomada naquela reunião de Natal.

O impacto da presença de 5 mil americanos sobre a população de 40 mil habitantes de Natal, uma cidade então isolada no Nordeste do país, é um tema que acabou sendo até mais importante para o livro do que o aspecto militar, o que transparece na narrativa.

Nela se revela o fato de que "a primeira Coca-Cola", que Milton Nascimento canta como sendo "nas asas da Panair", na verdade surgiu pela primeira vez no Brasil, em Natal.

O filme *For All – O Trampolim da Vitória**, do final dos anos 1990, dirigido por Luiz Carlos Lacerda, o "Bigode", trata da convivência de americanos e brasileiros na cidade, na mesma época.

A Segunda Guerra Mundial, e sua repercussão em território nacional, tem pouca cobertura na farta literatura de autores de vários países. Foi por isso que decidi escrever, em 2007, meu primeiro livro sobre a guerra ao sul do Equador, *Alarm!*, que trata da ação dos submarinos alemães nas costas do Brasil, a única arma que Churchill temia no conflito. E que agora prossegue com este **1943**.

As pessoas da minha geração eram crianças na época da guerra, e em sua imaginação havia o temor de uma invasão que não se sabia de onde viria, mas podia acontecer a qualquer momento, mesmo em São Paulo, a 10 mil quilômetros do inimigo.

Esse temor era amplificado pelos exercícios de blecaute, em que a cidade ficava às escuras para se prevenir de bombardeios tão inverossímeis em São Paulo como a tal Fortaleza Voadora avariada regressando de uma missão na Europa, e pousando em Natal.

Para uma criança, a escassez de alguns alimentos, como o pão de trigo, substituído pelo equivalente feito de milho, e

---

* *Forró se origina de "forrobodó", que é sinônimo de bagunça, festa, baile, arrasta-pé, e não de "for all"* a gasolina, trocada pelo carvão dos desajeitados gasogênios, colaborava para uma sensação de proximidade com a guerra. Além dos filmes de Hollywood, que retratavam combatentes japoneses e alemães como verdadeiros monstros, sádicos e torturadores.

O tema escolhido para este livro tem a ver com todas essas influências, mas resultou, em especial, da atração exercida sobre este autor por uma simples fotografia da Segunda Guerra Mundial, que acabou por revelar muitos outros aspectos vividos por brasileiros e americanos durante o conflito, numa época em que era corriqueiro falar inglês e negociar em dólares na cidade de Natal.

Resta falar da personagem Ingeborg ten Haeff, que ocupa respeitável espaço na edição, mesmo sem ter estado ligada diretamente aos fatos ocorridos em 1943. Ela saiu de uma Alemanha em plena efervessência nazista, ao conquistar quase toda a Europa, o que fez o mundo temer uma hegemonia global alemã, mesmo no Rio de Janeiro, a 10 mil quilômetros de distância. Casada com Lutero, filho de Vargas, passa a frequentar os mais altos escalões da República, no momento em que o presidente ainda não havia decidido de que lado entrar na Guerra. O autor poderia ter parado por aí, mas a história dela é tão diferente, que suas peripécias merecem fazer parte do livro, como conteúdo extra. As conclusões finais a respeito de Inge ficam a critério do leitor.

ROBERTO MUYLAERT

Memento

Há unanimidade entre os historiadores de que a Segunda Guerra Mundial foi o maior evento do século XX. Foram seis anos durante os quais o mundo assistiu ao maior conflito bélico da humanidade, à reorganização político-econômica das nações e ao avanço das ciências a serviço da guerra, aí incluída a utilização da energia atômica como arma de destruição universal.

Nesse cenário envolvendo todos os continentes, mares e oceanos, o Brasil e o Atlântico Sul viraram ator e cenário importantes. Quem já leu *Alarm!*, romance de Roberto Muylaert, sabe que o autor, para resgatar o horror vivido pelos brasileiros com o afundamento de mais de 30 navios de nossa marinha mercante pelos submarinos alemães de 1941 a 1943, teve de pesquisar muito a batalha do Atlântico Sul e as relações Brasil e EUA no contexto da Segunda Guerra.

Como filho dessa pesquisa, **1943** é uma reportagem construída com o rigor da documentação existente. Acrescente-se ao desafio a apuração do jornalista investigativo que persegue com disciplina suas fontes para identificar, sejam fatos inéditos, sejam lembranças ou sentimentos dos personagens envolvidos na trama. Por último, e tão importante quanto o trabalho do jornalista, ressalte-se o desejo legítimo de Muylaert de querer levar ao leitor novas luzes e hipóteses que expliquem a Segunda Guerra Mundial como alavanca da modernização do Brasil.

Ao datar o relato do encontro dos presidentes Franklin Delano Roosevelt e Getúlio Vargas pelo ano em que foi realizado, 1943, Muylaert vale-se da sinédoque, figura de linguagem que é um tropo que resume o todo, mesmo sendo ele parte ou vice-versa. De fato, 1943 foi o ano que decretou o fim de Hitler e pré-anunciou a vitória dos Aliados. Em 28 de janeiro, houve o encontro dos presidentes, na base aérea de Parnamirim, em Natal, no Rio Grande do Norte, cedida aos americanos para servir de trampolim para a África. Nesse mesmo dia, a BBC de Londres dramaticamente noticiava que Stalingrado não caíra e cinco dias depois a chamada já era outra: os alemães começavam a inglória retirada, batidos que foram pelo General Inverno, pelo Exército Vermelho e pelo povo russo, com o sacrifício de 20 milhões de mortos. 1943 é, pois, o timing perfeito para a reportagem pautada pelo autor. Ponto para ele.

Para os europeus, 1943 é um ano sempre referido com cores negativas. Alguns exemplos. Os enólogos consideram a safra de 43 um desastre e talvez apenas o champagne Vintage tenha se salvado. Foi o ano em que não se concedeu o Nobel de Literatura e, lógico, nem o Nobel da Paz. As estatísticas dessa guerra têm intensidades altissonantes, a começar pelo número de mortos, feridos e refugiados, sem falar no clímax do genocídio do povo judeu sabido por todos mas ainda ignorado pelos cidadãos do mundo. Parece até que a única coisa boa que aconteceu nesse ano foi a publicação de *O Pequeno Príncipe*, de Saint-Exupéry.

Contudo, para os brasileiros, 1943 é decisivo, a começar pelo encontro dos presidentes, exemplo de evento secreto perfeito, perpetrado pela diplomacia dos dois países e ignorado até pela própria família Vargas. Foi nela que Getúlio negociou a vaga do Brasil na futura ONU, com o bônus de participar do Conselho de Segurança, promessa que Truman não respeitou. O Brasil já estava em guerra com as nações do Eixo, mas a decisão tomada lá, de enviar tropas para o front europeu, confirmando o Brasil como força aliada contra o nazismo, trouxe dividendos ao Brasil, econômicos e políticos, que explicam o crescimento e a redemocratização no após guerra. Em 1943, a Siderúrgica de Volta Redonda começa a se concretizar, funda-se a Companhia Vale do Rio Doce, e decide-se a criação da Fábrica Nacional de Motores para produzir caminhões (os "fenemês" dos anos 1945 a 1960) que inaugura a indústria automobilística no país e a marcha para o oeste brasileiro. Na política, são editados a Consolidação das Leis do Trabalho e o Decreto do Salário Mínimo. Essas sinalizações ficam apodíticas quando se compara a evolução que Brasil e Argentina tiveram, no pós-guerra, ao tomar decisões diametralmente opostas na correlação de forças naquele janeiro de 1943.

O livro de Roberto Muylaert vem em boa hora e merece longa vida. Traz informações que permitirão entender a concepção de uma nova reorganização do mundo atual que está sendo engendrada a cada crise ou bolha financeira dessa primeira década do século XXI. A premissa básica é a de que a matriz concebida pelos vencedores da Segunda Guerra se esgotou e que a nova já está a caminho. Entender como o Brasil foi protagonista dessa matriz mutante, na época da reportagem relatada no livro, ajuda a nos posicionar. No concerto da economia e da política mundiais, o Brasil pesa hoje, sem dúvida, mais do que em 1943.

SINVAL DE ITACARAMBI LEÃO
Editor e Diretor da Revista Imprensa

Sumário

Getulinho 17
A doença de Roosevelt 25
Encontro em Natal 29
Oswaldo Aranha 37
Visita ao Rio em 1936 47
Casablanca 57
40t nas águas do Potengi 67
Getúlio chega de véspera 75
A ameaça dos submarinos 87
Fotos 98
Depoimentos sobre Parnamirim 115
Trajetória de Getúlio 123
Coca-Cola, cerveja em lata e chicletes 131
O estreito do oceano Atlântico 139
Uma alemã no palácio 149
Separação de Lutero e Ingeborg 159
Ingeborg por John Githens 171
Comemoração em Natal 181
Fotos 186
Leituras 203

Getulinho

Assim como Santiago Nasar, personagem fictícia de Gabriel García Márquez, é condenado a morrer desde a primeira página do livro *Crônica de uma Morte Anunciada*, Getúlio Vargas Filho, personagem real desta história, falece logo no primeiro capítulo, aos 23 anos de idade, em São Paulo, no dia 2 de fevereiro de 1943, na casa de um amigo, Antonio Carlos Guimarães Junior, à rua Uruguai, 27, conforme detalha o jornal Correio Paulistano:

"O jovem químico, que se encontrava enfermo há pouco mais de uma semana, assistido pelos luminares da ciência médica nacional, sucumbiu a uma paralisia respiratória, ocasionada por neurolite *(sic)* infecciosa, segundo consta do assentamento de óbito lavrado no Cartório de Paz do Jardim América".

Getulinho era uma figura popular em São Paulo, caçula do presidente e diziam que, dos cinco filhos de Getúlio, era o preferido, aquele que não gostava de política, nem morava na corte do Rio de Janeiro.

Fez o curso secundário no colégio Aldridge, no Rio, e diplomou-se em química industrial nos Estados Unidos, em quatro anos, na faculdade John Hopkins.

Uma carta que escreveu para a irmã Alzira, quando ainda estudava no exterior, revela uma pessoa simples,

despojada, que queria ter vida própria, ao pedir que ela interferisse para que pudesse continuar nos Estados Unidos:
"Advoga por mim para me deixarem aqui. Estou vivendo como uma pessoa qualquer, aqui não sou filho do Presidente, imagina o que será para a minha educação em química... Cada vez me convenço mais que o curso daqui é muito superior ao do Brasil".

De volta ao país, depois de prestar serviço militar no Forte de Copacabana, vai para São Paulo, onde consegue o emprego que desejava, como engenheiro-químico na Companhia Nitroquímica Paulista.

Gostava de ser autossuficiente, sem se aproveitar das benesses que chegam com facilidade para quem tem proximidade com o poder, ainda mais no caso de seu pai, com poderes ditatoriais desde a chamada "polaca", Constituição do Estado Novo, outorgada em 30 de setembro de 1937, quando se aguardavam as eleições presidenciais marcadas para janeiro de 1938.

Não obstante, tinha sido eleito presidente da Federação Paulista de Futebol, apenas quinze dias antes de falecer, conquistando a maioria dos votos dos cartolas dos clubes profissionais filiados à entidade. Uma prova de que o prestígio de filho de presidente chegou até ele, apesar de sua postura distante e reticente da questão.

Foi velado no palácio dos Campos Elíseos, então sede do governo de São Paulo. Passaram por lá 50 mil pessoas, para a última homenagem ao caçula do presidente, com filas de populares até as onze da noite, segundo o mesmo jornal.

Às sete horas da manhã, Dona Darcy e Getúlio desceram do andar superior do palácio, para assistir à missa de corpo presente celebrada pelo Arcebispo de São Paulo, dom José Gaspar de Afonseca e Silva.

O caixão foi conduzido por Getúlio, pelo interventor Fernando Costa e ministros presentes, além de amigos de Getulinho, na descida das escadarias do Palácio.

Dali foram todos para o aeroporto de Congonhas, onde a comitiva e o esquife seguiram para o enterro no Rio de Janeiro, em três aviões. Centenas de desportistas de São Paulo que haviam chegado à Capital Federal na véspera, em trem especial, prestavam as últimas homenagens ao presidente da Federação Paulista de Futebol. Em duas extensas filas estavam as coroas de flores recebidas.

Depois dos dois aviões que levavam ministros, autoridades, diplomatas e suas famílias, chegou o aparelho que levava o filho do presidente falecido tão jovem.

Formou-se então um cortejo com centenas de carros conduzindo o presidente, Dona Darcy, os irmãos de Getulinho, ministros, diplomatas, diretores de entidades estatais, até o cemitério São João Batista, em Botafogo, onde, desde antes das nove horas da manhã, uma multidão aguardava o cortejo fúnebre no aeroporto do Rio.

Sobre a preferência de Getúlio pelo caçula, existe um depoimento do filho Maneco Vargas que esclarece o assunto: "Eu não tinha ciúmes do meu pai, sentia que o carinho era repartido entre nós. Da minha mãe eu tinha ciúmes, sobretudo com meu irmão mais moço Getulinho. Sentia que ela gostava mais dele que de mim, e sofria com isso".

Quando a doença atacou os pulmões de seu caçula, Getúlio relutou em largar o filho em São Paulo.

Mas o presidente não podia sequer pensar em adiar a viagem programada para um encontro de que nem mesmo a primeira-dama Darcy Vargas poderia ser informada.

Pouco antes da viagem, Getúlio esclareceu do que se tratava o encontro em Natal a seu filho Lutero, que era médico ortopedista. O presidente precisava de alguém de confiança que pudesse lhe passar informações seguras sobre o quadro da enfermidade de Getulinho, já que a doença havia pegado a todos de surpresa, e teve evolução muito rápida.

Na casa do amigo onde veio a falecer, ele tivera todas as atenções e cuidados possíveis, atendido por alguns dos mais prestigiosos médicos de São Paulo.

Dona Darcy, com a intuição de mãe, pressentiu alguma coisa muito grave, e fez um convite a Lutero: "Você é médico, vamos juntos a São Paulo para ver teu irmão".

O depoimento é de Lutero:

"Chegamos lá, Getulinho já não mexia as pernas e os braços, falava mal e estava sendo tratado com o diagnóstico de polineurite. Então, eu digo: 'Isso não é polineurite, é poliomielite'. Pedi a presença do grande ortopedista Dr. Godoy Moreira, da Faculdade de Medicina da USP, que veio e confirmou meu diagnóstico, eu que chegara dos Estados Unidos, onde tinha acompanhado o método de tratamento dos espasmos dolorosos da paralisia infantil, que começava com a aplicação de compressas quentes. Fiz esse tratamento em meu irmão, e ele teve uma boa melhora. Ficou animado: 'Meu irmão, isto vai me curar. Você está me tratando com o método de São Borja'.

Acompanhei o desenvolvimento da doença dele, que o levou rapidamente. Após esse episódio triste, fui aos Estados Unidos estudar a paralisia infantil. Estive com o Dr. Jonas Salk, que na ocasião estava desenvolvendo vacina contra a doença, e levei os exames do meu irmão, tudo o que tinha sido feito por ele, e perguntei se tínhamos agido bem, se teria havido possibilidade de ele ser salvo, caso estivesse nos Estados Unidos".

"Não", respondeu Salk, "ele estava condenado desde o início, pelas características da moléstia que o atacou. Nem aqui nos Estados Unidos seu irmão se salvaria."

"Uma verdade importante que precisava ser esclarecida", continua Lutero, "já que houve comentários sobre a frieza de Getúlio nesse episódio, ao viajar sabendo que Getulinho estava perdido."

Ele morreu nos braços da mãe, dona Darcy Vargas, sendo que o presidente só chegou a tempo de estar ao pé do leito do filho enquanto ele agonizava. Quando a mãe fechou os olhos dele, ficou muito tempo a fitá-lo, esgotada, num aniquilamento mudo, terrível, que ela nunca pôde superar. Mas quis acompanhar o corpo até o cemitério, como fez anos mais tarde, no traslado do corpo de Getúlio Vargas para o Rio Grande do Sul, após o suicídio, em 1954.

A paralisia infantil ataca os membros inferiores, impedindo a pessoa de andar, ou pode subir, tornando inertes os pulmões, o que foi fatal, no caso de Getulinho.

Nessa situação, só havia uma maneira de prolongar a vida do doente: o recurso ao pulmão de aço, um cilindro pesado dentro do qual o paciente é colocado deitado, apenas com a cabeça de fora, enquanto o rústico aparelho mecânico força os pulmões a funcionar, por pressão direta. Os hospitais americanos da época tinham as enfermarias cheias dessas máquinas, alinhadas lado a lado, o último recurso para manter vivos os doentes impedidos de respirar, a maioria crianças.

Diante do ataque repentino e da progressão rápida com que atingiu Getulinho, um desses aparelhos foi importado, o primeiro que chegou ao país, mas que não foi utilizado, pela complexidade de sua instalação e operação, além da rapidez do desfecho do caso clínico.

1943

Com o sucesso das campanhas de vacinação contra a pólio, a partir de 1955, com a vacina Salk, e depois, em 1963, com a Sabin, a doença pôde ser erradicada.

Apesar da gravidade da saúde do filho quando o presidente deixou o Rio de Janeiro, a viagem de três dias não poderia mesmo ter sido adiada, pela importância da personagem que o aguardava.

O segredo de Estado e de segurança nacional, que só Lutero Vargas sabia, é que ele iria se encontrar com uma liderança mundial, em plena Segunda Guerra Mundial, pessoa que ninguém poderia supor que estivesse em Natal/RN, em janeiro de 1943, vinda de Casablanca, Marrocos, correndo os riscos de uma viagem tão longa sobre um oceano onde operavam submarinos nazistas, o terror dos Aliados.

Dá para imaginar a importância de um encontro ultrassecreto como este, em solo brasileiro, de um americano que enfrentava uma guerra contra Alemanha e Japão, ao mesmo tempo, cujo desfecho ainda não estava claro, mas que desejara falar pessoalmente com Getúlio, em seu próprio país.

A ironia da situação é que o visitante era também uma vítima da paralisia infantil. Por isso mesmo pôde compreender como ninguém o sofrimento de Getúlio, ao deixar seu filho em São Paulo naquela situação.

"Muita gente pensa que paralisia infantil só dá em criança, mas Roosevelt, 32º presidente dos Estados Unidos, com quem meu pai foi se encontrar em Natal, teve a moléstia com 35 anos, e meu irmão com 25", completa Lutero.

Franklin Delano Roosevelt movimentava-se numa cadeira de rodas, se ninguém o observavasse, sendo carregado pelos seguranças para dentro do carro, em seus deslocamentos. Todos os cuidados eram tomados para que a deficiência física não fosse notada. O que aparecia em seus comícios era um homem que se deslocava no palco, a pequenas distâncias, apoiado numa bengala, o que lhe exigia grandes sacrifícios, jamais em cadeira de rodas. Com todas essas dificuldades, conquistou quatro mandatos consecutivos como presidente americano, o que fez com que a lei eleitoral fosse mudada para apenas uma reeleição, sem possível participação em eleição futura.

No final da guerra, Roosevelt faleceu, cabendo a seu vice-presidente Harry Truman sucedê-lo, até o término da Segunda Guerra Mundial. Foi ele quem autorizou o lançamento das duas bombas atômicas sobre o Japão, em 1945.

A presença de Roosevelt em Natal mostra a importância estratégica da cidade na Segunda Guerra. É o ponto mais próximo do continente africano na América do Sul, alvo da cobiça dos nazistas, que tinham planos para tomar a cidade, a partir de Dacar. Assim poderia começar a invasão do Nordeste brasileiro, tão logo a vitória fosse assegurada pelo general Erwin Rommel, na batalha de tanques do Norte da África, contra o general britânico Bernard Montgomery, previsão que não se confirmou. Os alemães tinham até uma nova organização política para a América do Sul pronta para quando chegasse a ocasião.

Para Getúlio, muito acima das preocupações políticas estava a doença do filho caçula. Na velocidade com que a doença o atacou, nada pôde ser feito para reverter o quadro que o levou à morte.

No Brasil havia pouca incidência da doença. Tudo leva a crer que Getulinho tenha pegado o vírus da paralisia infantil quando morava nos Estados Unidos, cujo presidente, vítima do mesmo vírus, visitava o Brasil no momento em que ele perdia o seu derradeiro combate contra a doença.

A doença de Roosevelt

O PRESIDENTE Franklin Delano Roosevelt (1882-1945) tinha uma relação de inconformidade com a doença infecciosa que o deixou paralítico, ao atingir seu cérebro e coluna vertebral.

O vírus entra no corpo pelo nariz ou pela boca, e chega ao intestino, onde incuba, e nessa fase ocorre o contágio da doença.

Roosevelt, o vigoroso esportista, ficou enfermo quando passava férias de verão na Ilha Campobello, no Canadá. Primeiro sentiu dores, fraqueza nas pernas, e uma febre de 39°C. O médico local identificou o mal-estar como uma gripe forte, e foi só duas semanas depois que o americano Robert Lovett, o maior especialista da época no assunto, foi ao Canadá, diagnosticando poliomielite.

Embora o *New York Times* tenha noticiado sua crise de poliomielite na primeira página, ele conseguiu esconder tão bem a deficiência que milhões de americanos nunca souberam que seu presidente era um paraplégico em cadeira de rodas, ou que usava tiras de aço nas pernas para dar firmeza ao pouco que conseguia andar. Ele mesmo falou das suas limitações num programa de rádio: "Como todos sabem, eu ando com uma bengala, segurando no braço de alguém, e para um deficiente poder voltar a ser útil à sociedade, é preciso

1943

de recursos, e bastante tempo, às vezes anos". Foi a maneira direta que encontrou para se referir a si mesmo, e à necessidade da campanha de arrecadação de fundos. Era uma época em que a privacidade da mais alta autoridade norte-americana era preservada, e ainda não existiam os "paparazzi".

Ao mesmo tempo, ao ficar enfermo, em 1921, muito velho para os padrões da pólio, Roosevelt não podia aceitar que as limitações trazidas pela doença prejudicassem sua carreira política. E ela prosseguiu, cheia de sucessos: foi eleito governador de Nova York, sete anos após ter sido vítima da pólio, e presidente dos Estados Unidos, quatro vezes, em 1932, 1936, 1940, e 1944.

Em todos esses anos o presidente americano usou o poder do seu cargo para transformar a luta contra a doença numa cruzada nacional. Com seus discursos, exemplos e ações, teve um papel preponderante na solução da epidemia de pólio em seu país, que no ano de 1952 chegou ao maior número de casos registrados, 58 mil, para uma população de 157 milhões.

Foi Roosevelt quem criou o movimento "March of Dimes", para que a população mandasse moedas de dez centavos à Casa Branca, sendo que até hoje os "dimes" levam a sua efígie. Os recursos ajudaram as pessoas vitimadas pela doença, e acabaram por financiar as pesquisas que levaram à primeira vacina contra a pólio, em 1955, quando o movimento criado por ele arrecadou US$ 25,5 milhões, uma fortuna para a época. Mas o presidente não viveu o suficiente para ver a erradicação da doença pela vacina que ajudou a viabilizar.

O espírito de luta, de não se entregar à doença, ajudou a moldar o mito de Roosevelt, como uma pessoa capaz de vencer quaisquer obstáculos, como de fato o fez, recuperando os Estados Unidos da crise econômica de 1929, e contornando o movimento pacifista contra a participação na Segunda Guerra Mundial. Roosevelt preparou o país para ser o grande fornecedor de equipamentos bélicos para os países aliados, sem os quais a vitória não teria sido conquistada.

Enquanto as vítimas da paralisia infantil ficavam em repouso por indicação médica, Roosevelt foi pioneiro em seu comportamento proativo frente à doença: passou a frequentar um resort em Warm Springs, Georgia, para praticar natação e outros esportes que fortalecessem seus músculos. Constatando os progressos que conseguia, utilizou boa parte de seus recursos pessoais, cerca de US$ 200 mil, para criar, em 1927, a Georgia Warm Springs Foundation, um avançado centro de hidroterapia para vítimas da pólio, que revolucionou a forma de enfrentar a doença.

Para mostrar que podia ter mobilidade, adaptou um carro com os pedais nas mãos, que ele pilotava orgulhoso pelas estradas de Warm Springs, para alegria dos colegas internados.

Em compensação, o presidente americano sofria muito com essas façanhas. Tanto que o trem presidencial em que viajava tinha velocidade limitada a 60 quilômetros por hora, talvez porque seus músculos, de tão desgastados, já não conseguissem amortecer as vibrações do comboio.

Em 1945, Roosevelt expressou com crueza o sentimento de uma pessoa que luta a vida toda para minorar os efeitos da paralisia infantil no organismo, como era o seu caso: "Quando você leva dois anos para conseguir mover um dedão do pé, todo o resto segue na mesma proporção", disse, sabendo do que falava.

"Nada temos a temer, a não ser o medo." Esta frase do seu discurso de posse, em 4 de março de 1933, denota o espírito com que iria governar o país, numa situação de grave crise econômica e social, originada em 1929.

Época em que os bancos estavam falidos, e um quarto da população americana, desempregada. Enormes filas se formavam no Central Park, com gente de classe média em busca da caridade de um prato de sopa quente, no inverno de Nova York.

Estava em cheque o liberalismo econômico clássico.

Inspirado nos princípios do economista inglês John Maynard Keynes, Roosevelt criou o *New Deal*, abrindo as portas para que o Estado tivesse participação direta na economia nacional.

Esse movimento permitiu a realização de obras de infraestrutura geradoras de emprego.

Com o surgimento do TVA – *Tennessee Valley Authority* –, regularizou-se a navegação e a vazão do rio Tennessee, onde foram construídas doze usinas hidrelétricas e uma termoelétrica a vapor, entre 1933 e 1944, gerando 28 mil empregos, como marco inicial da recuperação econômica.

Encontro em Natal

O INUSITADO ENCONTRO de Vargas e Roosevelt em Natal/RN, em plena guerra, tem poucas informações disponíveis e muitas lendas a serem esclarecidas.

O que se pensa da viagem dos dois presidentes para se encontrar em Natal é que ali foi acertada a cessão da base de Parnamirim para os Estados Unidos, o chamado Trampolim da Vitória. Mas quando os presidentes chegaram, esse assunto já estava resolvido. O Brasil havia concordado em manter o almirante Ingram, oficial-comandante da marinha norte-americana, como responsável pelas bases americanas no Brasil, forças aérea e naval, além do patrulhamento de todo o litoral do país.

Os militares brasileiros não gostaram muito da decisão, que interferia na soberania do Brasil, mas acabaram por ceder, até porque havia medo de uma invasão da Alemanha a partir de Dacar, na África, caso os ingleses perdessem a violenta batalha dos blindados no deserto, em El Alamein, uma das maiores concentrações de tanques em combate de todos os tempos.

Parnamirim *Field* era a maior base aérea norte-americana fora do seu território.

A ideia que até hoje circula em relação à base é a de que os aviões iriam bombardear o norte da África, retornando a Natal. Tal ideia não tem nenhuma lógica ou fundamento, por pressupor os aviões saindo da costa brasileira, para cobrir 3,1 mil quilômetros sobre o Oceano Atlântico, até chegar a Dacar, tendo ainda combustível para chegar ao norte da África e regressar ao Brasil. Essa crença ainda hoje prevalece nos habitantes mais velhos de Natal.

A realidade era outra: Natal era a escala dos aviões americanos que vinham do hemisfério norte para atingir a África, o Mediterrâneo, e até mesmo a Ásia.

Um trajeto obrigatório, uma vez que o caminho dos Estados Unidos para o norte da África via Europa não era mais possível, desde que a Alemanha invadira a França e outros países europeus, ficando só a Grã-Bretanha de fora. Sem contar as más condições meteorológicas naquela rota, em boa parte do ano.

O que acontecia é que a população de Natal acompanhava a decolagem das esquadrilhas americanas rumo à África, mas no dia seguinte encontrava estacionados na mesma base de Parnamirim aviões semelhantes aos que haviam partido no dia anterior, e que correspondiam a novos lotes de aeronaves que chegavam do norte, sem parar. Daí a ideia errônea de que aqueles aviões já teriam bombardeado a África, e retornado.

Na verdade, os aviões americanos que saíam de Natal serviam para abastecer a frente de batalha na África, transportando materiais bélicos, outros tipos de armamentos e por vezes tropas, além das próprias aeronaves, que passavam a operar por lá, reforçando a frente aliada.

A decisão de ceder a base aérea já havia sido decidida em setembro de 1940, e quando os presidentes se encontraram em 1943 naquele ponto remoto do mapa em relação às frentes de batalha, o acordo de utilização já estava sendo cumprido. Tudo indica que os americanos não vacilariam em enviar fuzileiros navais, mesmo sem autorização, para assumir o comando das bases aéreas estratégicas do Brasil, caso não houvesse a concordância do governo local. Estava também resolvida a questão do fornecimento de materiais e equipamentos para construir a primeira usina siderúrgica do país, Volta Redonda, que Getúlio sacramentou com Roosevelt.

Então, o que estaria sendo de fato discutido de relevante no encontro Roosevelt e Getúlio?

Os presidentes conversaram como velhos amigos, sobre alguns assuntos do momento, pensando no futuro: a reunião de Casablanca, no Marrocos, de onde Roosevelt acabara de retornar; os progressos americanos e a evolução da guerra, em geral, com enfoque no aumento da produção de materiais bélicos; a atitude norte-americana frente aos britânicos, e vice-versa; a situação na Rússia, planos e metas para depois do fim do conflito; o futuro das colônias francesas; Dacar, em especial; e a posição da França em relação aos Estados Unidos.

Dacar, capital da África Ocidental Francesa, segundo Roosevelt, deveria passar a ser administrada pelos Estados Unidos, Brasil, ou algum outro país das Américas.

Curioso que não passasse pela cabeça do presidente da maior democracia do mundo que um novo país, o Senegal, capital Dacar, pudesse surgir, ao conquistar a sua independência quinze anos após a guerra.

Roosevelt falou também sobre o futuro desenvolvimento industrial do Brasil, e da imigração para o país.

Getúlio respondeu que tomaria medidas para o Brasil entrar nas Nações Unidas. Todavia, destacou, com oportunismo, que havia chegado a hora de insistir, de novo, sobre

1943

a necessidade de receber equipamentos dos Estados Unidos, para a Marinha e a Aeronáutica do país.

Mas a ideia central do encontro era a de enviar pracinhas brasileiros para combater na Europa, uma forma de o país ir além do apoio de infraestrutura, matérias-primas e suporte diplomático. Só faltava o chamado "sacrifício do sangue".

A Força Expedicionária Brasileira foi criada em 23 de novembro de 1943, alguns meses depois do encontro entre os dois presidentes.

Para seduzir Getúlio, Roosevelt acenou com um papel importante para o país no pós-guerra, com um possível assento no Conselho de Segurança nas Nações Unidas, coisa que o país segue tentando, decorridos setenta anos.

E assim o Brasil foi para a guerra. Depois de vestidos, calçados e equipados pelos americanos, os pracinhas brasileiros deram exemplos de coragem e abnegação reconhecidos pelos norte-americanos, a quem a divisão brasileira na Itália se incorporou.

Mas antes que o conflito chegasse ao fim, Roosevelt morreu, deixando para trás os entendimentos pessoais que tivera com Getúlio, com quem se dava muito bem. Quando Truman assumiu a presidência, as conversas pessoais desapareceram e os laços de amizade deixaram de existir.

Em janeiro de 1942, o Brasil cortou relações com o Eixo, formado por Alemanha, Itália e Japão. E em 1944 enviou soldados para a frente de batalha, e mais duas unidades aéreas da FAB, cedeu bases, atacou submarinos alemães, e colocou-se ao lado dos americanos, a partir do momento em que Getúlio optou por apoiar os Aliados.

O U-199 foi o único submarino alemão afundado pela FAB, ao largo da Ilha Grande, estado do Rio de Janeiro, embora a Força Aérea Brasileira tivesse colaborado com os americanos, na costa brasileira, no patrulhamento e ataque aéreo contra o inimigo. Antes, esse mesmo submarino tinha torpedeado, entre outras embarcações, o pesqueiro de madeira Shangri-lá, numa atitude covarde, em que foram mortos os dez indefesos pescadores que estavam a bordo.

No entanto, são raros os livros editados fora do Brasil que mencionam a decidida participação brasileira na Segunda Guerra Mundial, a cessão das bases, a rota aérea estratégica Natal-Dacar, e a colaboração para a vitória aliada no norte da África, além do envio dos pracinhas e da Força Aérea para a Itália.

Os pilotos brasileiros, treinados nos Estados Unidos, tiveram êxito em suas missões em território inimigo, dando exemplos de coragem e capacidade operacional, colecionando aviões inimigos e outros alvos em terra, destruídos. Ao contrário dos pilotos norte-americanos, não foram substituídos até o final da guerra, tornando-se o grupo com maior experiência em combate, a quem os pilotos novos que chegavam dos Estados Unidos recorriam para se informar dos macetes em operações aéreas.

A maioria dos livros sobre a guerra escritos por americanos e europeus nem mesmo registra a presença do Brasil no sumário, muito embora a atuação do país tenha sido única em toda a América do Sul.

O reconhecimento e a retribuição que o Brasil esperava por sua participação na guerra, portanto, nunca veio.

A Argentina só cortou relações com a Alemanha ao apagar das luzes do conflito, em março de 1945, tendo acolhido grande número de fugitivos nazistas em seu território, durante o governo Perón, como o próprio Adolf Eichmann.

O organizador dos campos de extermínio nazistas foi sequestrado na Argentina pelo governo de Israel, e depois julgado e condenado à morte na forca, em Tel-Aviv, não sem antes criar grave crise diplomática entre os dois países, pela forma pouco ortodoxa com que foi capturado na rua Garibaldi, onde morava, num subúrbio de Buenos Aires. Não mais se reconhecia o cruel e impiedoso assassino que a guerra revelou, agora um modesto funcionário de uma indústria, que, sistemático, tomava sempre o mesmo ônibus, em horas previsíveis, facilitando a sua captura.

Naquela época, um passaporte argentino era vendido a peso de ouro, literalmente.

O próprio almirante Doenitz, chefe do corpo de submarinos alemão, no período mais intenso de torpedeamento de navios, autorizou seus submarinos a atacar navios brasileiros, mas não argentinos, sendo que foram afundados 33 de bandeira brasileira. As instruções do comandante alemão transmitidas para toda a frota de submarinos no Atlântico Sul, quando do início das operações de guerra na costa brasileira, não deixa dúvida quanto ao país-alvo escolhido para os ataques.

A fala original de Doenitz transmitida para os comandantes dos submarinos:

"Em 27 de janeiro de 1942, como resultado do estado de guerra entre Estados Unidos e Alemanha, o Brasil rompeu relações diplomáticas conosco. Até então nenhum navio brasileiro tinha sido afundado por um submarino alemão. Depois disso, os navios brasileiros prosseguiram sendo tratados do mesmo jeito que os outros países neutros, desde que fossem reconhecíveis como tal, de acordo com as regras internacionais. Não obstante, entre fevereiro e abril de 1942, submarinos torpedearam e afundaram sete navios brasileiros, como tinham todo o direito de fazer, a partir do momento em que os capitães dos submarinos não tinham como comprovar a neutralidade das embarcações. Esses navios estavam navegando com as luzes apagadas, em ziguezague, alguns armados, outros pintados de cinza, nenhum deles tinha bandeira ou algum sinal de que fossem neutros. A partir daí mais e mais navios brasileiros receberam armas, até que toda a sua marinha mercante estava armada. Em consequência, o alto-comando da Marinha alemã emitiu ordens no dia 16 de maio para que os navios de todos os países da América do Sul que estivessem armados fossem atacados sem aviso, exceção feita à Argentina e ao Chile. No final de maio, o Ministério da Aeronáutica do Brasil anunciou que aviões brasileiros atacaram submarinos do Eixo, e continuariam a fazer isso. Portanto, sem declaração formal, consideramo-nos em estado de guerra com o Brasil, e no dia 4 de julho os submarinos tiveram autorização para atacar as embarcações brasileiras. Na primeira semana de julho, indaguei ao nosso ministro das Relações Exteriores se haveria objeção em realizarmos operações na saída do rio da Prata para o oceano, área em que os navios refrigerados recebiam a carne que supria a Inglaterra. A permissão foi negada para qualquer operação na costa da Argentina, mas não houve objeção quanto à continuação das nossas atividades nas costas brasileiras, sancionadas em maio, e progredindo desde então. A partir desta decisão, deslocamos mais um submarino para as costas brasileiras. Assinado: Grande Almirante Karl Doenitz."

Em relação aos navios argentinos, portanto, houve uma proibição explícita do alto comando nazista de que pudessem ser atacados. Com isso, continuaram navegando, mesmo com carregamentos de carne para a Inglaterra.

Além do apoio para a guerra no norte da África, a base de Natal era importante para conter eventual ataque marítimo e possível invasão do Brasil pelo Nordeste.

Da mesma forma, uma invasão argentina era considerada uma possibilidade concreta pelos militares brasileiros, que não hesitavam em tornar explícita essa preocupação junto aos americanos.

Com relação ao Brasil, os pensamentos de Hitler não eram inocentes. O "Fuhrer" já tinha levado em conta o apoio que poderia receber da colônia alemã em Santa Catarina – onde até as aulas para as crianças eram dadas em alemão –, que poderia servir, segundo seus planos, para "colonizar", ao final da guerra, territórios conquistados pelo Reich, no Brasil e na África.

O Brasil não optou de imediato por um dos lados do conflito mundial que se desenvolvia, até o início de 1942, como uma estratégia para tirar vantagens dos dois lados, bem ao estilo Vargas.

Oswaldo Aranha

MESMO DISTANTE DO RIO DE JANEIRO, morando em Washington, Oswaldo Aranha era um guardião do destino democrático que o Brasil deveria perseguir, embora durante a ditadura de Vargas o país estivesse bem distante de garantir liberdade de pensamento a seus cidadãos.

Era também uma espécie de "anjo da guarda" do presidente, sendo que suas observações e opiniões estão presentes na maioria dos momentos de decisões tomadas por Getúlio.

Desde 1937, quando surgiu o Estado Novo, que se assemelhava ao regime fascista italiano, o embaixador já alertava para a inconveniência de se relacionar com aquele país, mesmo de forma oficiosa.

Naquele ano, dona Darcy Vargas e suas filhas Jandyra e Alzira tomaram o navio Augustus rumo à Itália, para a inauguração do Pavilhão Brasileiro na Feira Internacional de Milão. O governo italiano aproveitou a oportunidade para receber a família do presidente Vargas com toda a pompa, e a presença de representantes do governo fascista, e da aristocracia italiana.

Oswaldo Aranha escreveu uma longa carta a Getúlio, recomendando que a viagem fosse de caráter particular, não dando margem a interpretações que pudessem ser entendidas como de apoio ao regime de Mussolini. Recomendou ainda que dona Darcy não aceitasse passagens ou estadias por conta do governo italiano.

Além de indicar o caminho de apoio aos Aliados, Aranha aconselhava o Brasil e seus representantes oficiais, ou não, a evitar se envolver com os países do Eixo.

Um ano após o encontro dos presidentes no Rio de Janeiro em 1936, o embaixador Oswaldo Aranha, em seguida ao golpe que levou ao Estado Novo, escreve a Getúlio, em 24 de novembro de 1937, preocupado com as repercussões do novo regime.

O embaixador do Brasil nos Estados Unidos acreditava que Roosevelt não poderia prescindir do Brasil como aliado, mesmo com o início da ditadura de Vargas, à qual se opunha de forma explícita. Excertos:

"Terás, talvez, a impressão de que há muita imaginação no que te estou a dizer. Estarás errado se assim pensares. Estou sendo objetivo e realista com a imaginação de um povo que, cansado do seu esforço diário, gosta de distrações infantis para viver e cultivar fantasias internacionais para não perturbar sua abastança e paz."

"O esforço, portanto, será americanizar ou panamericanizar o Brasil antes que ele se europeize, hitlerize, ou mussolinize de todo. E isso, aqui, não só se ouve, como se sente, se apalpa."

"Para fazer-se algo neste país, Getúlio, é necessário ter pessoal hábil, como tem a Argentina e outros países, e não alguns pândegos como os nossos, com títulos comerciais, mas que nada querem fazer, procurando viver longe do Brasil à custa do Brasil."

Oswaldo Aranha foi o brasileiro de maior prestígio em Washington, desde Joaquim Nabuco, "um homem alto, bonito, e charmoso, virtudes essenciais à imagem de um país conhecido pelas figuras mirradas de Rui Barbosa e Santos Dumont" – segundo Gilberto Freyre, em "Discursos parlamentares de Joaquim Nabuco".

Aranha tinha talentos de estadista, era democrata e panamericanista, como Nabuco, postura que se harmonizava com o espírito da era Roosevelt. Foi ele quem aderiu, pelo Brasil, à Declaração dos Princípios de Solidariedade e Cooperação Interamericana, emitida em Buenos Aires, em 1936, com a presença de Roosevelt, com base na regra do apoio recíproco: "Todo ato suscetível de perturbar a paz na América afeta a todas e a cada uma das nações do Continente".

Com essa medida, o caminho para a colaboração com os Estados Unidos estava aberto.

Segundo o autor Lenine Pinto, em seu livro *Natal USA*, o agente de inteligência britânico Ian Fleming (que criou o agente 007) obteve de um funcionário da embaixada alemã em Buenos Aires, chamado Gottfiied Sandstede, cópia de um mapa que mostra a América do Sul com a geografia política que seria dada pelos nazistas, dividida em cinco áreas: Brasilien, Argentinien, Chile, Neuspanien e as três Guianas reunidas em uma só, entregues à administração do governo francês colaboracionista de Vichy.

Nas anotações feitas à mão, aparecem como depósitos de combustíveis as cidades de Antofagasta, no Chile, e Natal, no Brasil.

Roosevelt foi informado do fato e referiu-se à originalidade desse mapa, num discurso em 27 de outubro de 1941:

"Hitler tem afirmado que seus planos de conquista não se estendem além do Oceano Atlântico, mas tenho um mapa secreto em meu poder, feito na Alemanha, tal como Hitler pretende reorganizar a América do Sul, onde hoje existem 14 países independentes, mas os especialistas em cartografia de Berlim simplesmente apagaram todas as linhas de fronteiras."

Na área econômica, a disputa entre as duas partes em guerra interessava ao país, por trazer oportunidades únicas de negociação com ambos os lados.

Os americanos negociavam em moeda forte no comércio exterior, enquanto os alemães haviam criado uma moeda chamada *Aski*, que permitia uma espécie de conta-corrente entre os dois países. Assim, os produtos manufaturados comprados da Alemanha não utilizavam as poucas reservas em dólares existentes, essenciais para que o Brasil cumprisse com suas obrigações internacionais. Em relação ao marco alemão, o sistema *Aski* tornava os produtos importados da Alemanha 24% mais baratos. Mas só serviam para comprar mercadorias daquele país. Em 1938, o Brasil era o maior consumidor não-europeu da Alemanha, e o nono parceiro comercial do país. Como a Alemanha comprava muito do Brasil, até porque se preparava para a guerra, as reservas do Banco do Brasil chegaram a 30 milhões em *Aski*, e a partir daí o país deixou de autorizar as vendas que não fossem em moeda forte.

Os Estados Unidos eram o principal comprador de café, o mais importante gerador de divisas do país, enquanto a Alemanha era a primeira na importação de algodão.

O acordo para a construção da usina de Volta Redonda ligou o Brasil aos Estados Unidos de forma definitiva, e determinou a posição do país contra os nazistas.

Passados setenta anos, o Brasil segue em busca de um assento no Conselho de Segurança da ONU. E de exportar mais algodão, uma cultura que ganhou em produtividade.

Não obstante, o Ministro das Relações Exteriores do

governo Vargas, Oswaldo Aranha, já antevia a necessidade de optar pelos norte-americanos:

"Seria um grave erro para o Brasil não estar ao lado dos EUA. As duas nações são cósmicas e universais, com futuro continental e global."

Aranha reconhecia o Brasil como "fraco nos campos econômico e militar, mas seu crescimento natural, com a migração pós-guerra, forneceria capital e população que o tornaria um dos maiores poderes econômicos e políticos do mundo". Advertiu também contra as políticas nacionalistas "afastando os capitais americanos e britânicos, tão necessários para o país".

Aranha preconizou uma série de objetivos que o Brasil deveria perseguir para se consolidar a partir do final da guerra, após a sua efetiva participação ao lado dos Aliados. Alguns desses quesitos, em sua essência, fariam parte dos planos de governo de Juscelino Kubitschek, a partir de 1956:

1. Melhor posicionamento do país na política global.
2. Consolidação da hegemonia na América do Sul.
3. Cooperação mais próxima e de maior confiança com os Estados Unidos.
4. Maior influência sobre Portugal e suas possessões.
5. Desenvolvimento de poder marítimo.
6. Desenvolvimento de poder aéreo.
7. Criação de indústrias de base.
8. Criação de indústrias de armamentos.
9. Criação de indústrias agrícolas, extrativistas, e de minerais leves, complementares à produção americana, e essenciais à reconstrução do mundo.
10. Expansão das ferrovias e rodovias para fins econômicos e estratégicos.
11. Busca e exploração de combustíveis.

1943

Nessa listagem, Aranha demonstra um total alinhamento com os norte-americanos, e ao mesmo tempo o pensamento voltado para um esforço bélico, compreensível no momento em que o mundo vivia a Segunda Guerra Mundial.

Para o ministro da Guerra (pró-Alemanha) e futuro presidente do Brasil, sucessor de Vargas no regime democrático, general Eurico Gaspar Dutra, Aranha argumenta que o Brasil "está à mercê das nações mais poderosas, e, caso não tenha um aliado forte, o futuro da Nação pertencerá a alguém, que não o próprio Brasil".

Ao mesmo tempo, Dutra tinha muita preocupação com a Argentina, e temia que o país vizinho aprontasse alguma quando os 25 mil expedicionários fossem para a Itália. Assim, manifestou seu desejo de que ficasse no Brasil uma força equivalente àquela que seguia para o exterior "para garantir a soberania e a manutenção da ordem e tranquilidade por aqui".

Mas alguns dos oficiais de alta patente do exército americano relutavam em aceitar a oferta de tropas brasileiras.

Se, em 1942, os EUA já tinham garantido as bases no Brasil, e mantinham, por meio delas, linhas de suprimento para o Norte da África, para que se preocupar com tropas brasileiras? Ainda em 1942, os americanos sugeriram ao governo brasileiro, talvez desconhecendo as premissas históricas pacifistas da nação, que o Brasil invadisse a Guiana Francesa e a Holandesa.

Em 1943, Roosevelt fez uma sugestão ainda mais bizarra ao país, propondo a presença de tropas brasileiras substituindo as de Portugal nos Açores e Cabo Verde.

Logo Portugal, cujo primeiro ministro, Antonio de Oliveira Salazar, ditador convicto, foi o único chefe de estado do mundo a decretar, dois anos depois, luto oficial pela morte de Adolf Hitler.

A ideia de uma força expedicionária para lutar na Europa foi de Getúlio, e o número de 25 mil soldados correspondia a uma divisão, sob o comando do general Mascarenhas de Moraes. O primeiro batalhão brasileiro chegou a Nápoles em julho de 1944.

O fato é que o Brasil teve parte ativa na Segunda Guerra Mundial, no fornecimento de matérias-primas, cessão de bases aéreas e navais, soldados em combate, além de duas esquadrilhas da FAB.

As baixas foram de 1.889 soldados e marinheiros, entre mortos e feridos, 33 navios mercantes, 3 navios de guerra, e 22 aviões.

Após a morte de Roosevelt, a velha demanda por um assento no Conselho de Segurança das Nações Unidas não se concretizou. Foi abandonada a ideia de que Brasil e EUA teriam destinos em comum, para benefício mútuo, como preconizava Oswaldo Aranha.

Quando começou a Guerra Fria, o Brasil ficou com a impressão de que havia sido explorado pelos americanos na Segunda Guerra. Por isso mesmo, rejeitou a participação em quaisquer operações militares adicionais, como as guerras da Coreia e do Vietnã.

A partir de 1942, quando o Brasil optou pelos Aliados, a cultura americana começou a influenciar o país, com o cinema e a música.

No rastro da política de boa vizinhança de Roosevelt, lançada em 1936, na visita ao Brasil, as gravadoras americanas instaladas no país (RCA-Victor, Columbia), por inspiração do Departamento de Estado, trataram de engajar compositores nacionais em ampla campanha subliminar de simpatia pelos Estados Unidos. A invasão do charleston e do fox-trot, que haviam desbancado o melancólico tango argentino, e a influência do cinema falado, popularizando o linguajar dos caubóis, tornou fácil a tarefa de incluir expressões ianques em dezenas de músicas brasileiras, que usavam "yes", "hello", "c'mon", evocando a terra de Tio Sam, em composições como "Alô Alô Tio Sam", composta após a entrada do Brasil na guerra, e que dizia: "Alô Tio Sam, alô/ Dizem que você está pintando o sete/ Se precisar de mim/ Pode chamar que eu vou"...

Mas o Brasil nem sempre é lembrado, quando se fazem citações genéricas sobre quem esteve ao lado dos Aliados. Uma patente injustiça, tendo em vista a múltipla contribuição que o país teve para a vitória da democracia.

O presidente Dutra, por sua vez, eleito no final da ditadura Vargas, acreditou que o dólar perderia valor com o envolvimento dos norte-americanos em novas guerras. Como o Brasil tinha reservas altas, tratou de liberar a importação, incluindo produtos supérfluos em geral, para queimar dólares. Foi a época dos Cadillac rabo-de-peixe, que inundaram o país, em especial a Zona Sul do Rio de Janeiro, a capital da República, até 1960.

Com a mudança da capital federal para Brasília, o Senado Federal foi transferido sem muita consideração pela memória histórica de um dos poderes da República. O Palácio Monroe (1,7 mil m^2), que abrigava o Senado no Rio de Janeiro, foi demolido durante o regime militar, quando os órgãos de proteção ambiental e de patrimônio histórico (IPHAN) não tinham tanto poder de reação. Ao perder o status de capital, o Rio viveu uma fase de restrição de verbas federais, por sua sistemática oposição eleitoral ao governo instalado.

O nome da imponente construção demolida, situada na

Cinelândia, foi uma homenagem ao presidente norte-americano James Monroe, por sugestão do Barão do Rio Branco, Ministro das Relações Exteriores. Monroe foi o criador do Panamericanismo, e também de uma frase que ficou célebre, bastante explorada contra o próprio Monroe e os americanos em geral: "América para os americanos".

O Palácio Monroe foi projetado para ser o Pavilhão do Brasil na Exposição Universal de Saint Louis, em 1904, com uma cláusula para a sua construção, que dizia: "Na construção do Pavilhão se terá em vista aproveitar toda a estrutura, de modo a poder-se reconstruí-la nesta capital".

Foi assim que o arquiteto e engenheiro militar, coronel Marcelino de Souza Aguiar, concebeu uma estrutura metálica capaz de ser totalmente desmontada, para ser remontada no Rio, depois de passar por Saint Louis.

Apesar de muitos cariocas da época considerarem a construção um "monstrengo", o Pavilhão do Brasil naquela exposição foi premiado com a medalha de ouro no Grande Prêmio Anual de Arquitetura.

Em 1906, a estrutura, de novo montada, sediou a Terceira Conferência Pan-Americana. Em 1922 foi sede provisória da Câmara dos Deputados, enquanto o Palácio Tiradentes era construído.

Durante as comemorações do primeiro centenário da Independência, o Senado Federal passou a utilizar o Monroe como sua sede.

O Senado ficou fechado durante o Estado Novo (1937-1945). Após esse período serviu como sede provisória do Tribunal Superior Eleitoral, entre 1945 e 1946.

Houve ainda uma obra de ampliação, em meados da década de 1950, que acrescentou mais um pavimento e ocupou o espaço de duas rotundas laterais, que eram vazias

1943

e serviam apenas como varandas decorativas.

A partir de 1960, o edifício passou a exercer a função de escritório de representação do Senado no Rio de Janeiro, com uma quantidade de funcionários exagerada para uma instituição que mudara para Brasília.

Na época do Regime Militar, foi transformado em sede do Estado-Maior das Forças Armadas (EMFA).

Não há dúvida que, até então, ninguém pensava em demolir o Monroe, tanto que, durante a construção do Metrô do Rio de Janeiro, o traçado dos túneis foi desviado para não afetar as fundações do palácio, e o governo estadual resolveu decretar o seu tombamento, o que acabou por ser fatal para o Monroe, cuja demolição foi vendida em liquidação.

Uma campanha mobilizada pelo jornal *O Globo*, com o apoio de arquitetos respeitados como Lúcio Costa, pediu a demolição do edifício, sob alegações estéticas, e de que o prédio atrapalhava o trânsito. O *Jornal do Brasil* foi contra.

O último editorial de *O Globo* sobre o tema diz: "Por decisão do Presidente da República, o Patrimônio da União já está autorizado a providenciar a demolição do Palácio Monroe. Foi, portanto, vitoriosa a campanha desse jornal que há muito se empenhava no desaparecimento do monstrengo arquitetônico da Cinelândia (...)"

O então presidente Ernesto Geisel – que teria uma rixa pessoal com o autor do projeto – não concedeu o decreto federal de tombamento, sob alegação de que "prejudicava a visão do Monumento aos Mortos da Segunda Guerra Mundial". Em março de 1976, o Senado foi demolido.

No terreno foi construída uma praça chamada Mahatma Gandhi, com um chafariz originalmente instalado na Praça da Bandeira, sob a qual fica o estacionamento da Cinelândia.

Visita ao Rio em 1936

Roosevelt já conhecia Getúlio, de uma primeira visita ao Rio de Janeiro, em janeiro de 1936, quando destacou a postura e a simpatia do presidente brasileiro:
"Não me lembro de ter me impressionado de forma tão profunda com um estadista, como aconteceu com meu encontro com Vargas, pela força de sua personalidade, o charme de sua presença, e a precisão com que expressa seus pensamentos".

O objetivo dessa primeira viagem, quando da Conferência Pan-Americana pela Preservação da Paz realizada em Buenos Aires, era atrair o governo e a oficialidade do Exército à órbita do ideário de proteção continental de Roosevelt, com o reforço da presença do presidente norte-americano, com sua simpatia e irresistível capacidade de persuasão. Um contato precursor do encontro de Natal, sete anos depois.

Nessa época, a sombra do poder de Hitler já se projetava ameaçadora sobre a Europa, embora o presidente americano fosse um arauto do não envolvimento de seu país na guerra europeia, que esboçava contornos sombrios. Sua posição tinha conotação eleitoral: a população americana não desejava, de forma alguma, que o país se envolvesse de novo numa guerra mundial originada na Europa.

1943

Quem mais se destacava na oposição à entrada dos EUA na guerra era Charles Lindbergh, um dos maiores heróis dos Estados Unidos de todos os tempos. Em 1927, com seu monomotor da marca Ryan, o "Spirit of Saint Louis", hoje em exibição em Washington – no Air and Space Museum do Smithsonian Institution –, fez um voo solo de 32 horas, de Nova York a Paris, chegando à noite, com o campo iluminado por faróis de carros, para uma apoteose popular na capital francesa, após ter vencido um sono descomunal, que quase pôs tudo a perder durante o voo. Apoteose maior ainda foi o desfile do herói americano na Quinta Avenida, em Nova York.

Antes da guerra, Lindbergh havia sido convidado a visitar a Alemanha, pelo marechal Goering, um dos nazistas do grupo íntimo de Hitler, comandante da Luftwaffe, e herói dos encarniçados combates aéreos da Primeira Guerra Mundial, época em que os pilotos dos aviões biplanos se encaravam no ar, e chegavam a puxar revólveres para resolver um duelo que era mais pessoal do que entre nações.

Lindbergh ficou tão impressionado com o que viu em matéria de tecnologia aérea, e com o poderio bélico dos nazistas, que passou a ser um pacifista ferrenho, com toda a força de seu prestígio nacional e internacional, ao participar do movimento pela neutralidade dos Estados Unidos na Segunda Guerra Mundial.

Seu argumento central não combinava com a figura de um herói destemido e determinado: Lindbergh considerava os alemães imbatíveis, com um preparo para a guerra muitíssimo superior ao dos americanos.

Em tese ele tinha razão, só não havia levado em conta a capacidade superior de produção de armamentos de seu país, quando toda a capacidade instalada da indústria passasse a priorizar a produção bélica.

A partir daí passou a ser visto como pró-nazi, o que manchou a sua reputação e a imagem de legítimo representante do ideal americano de energia e coragem.

Comoveu a Nação um episódio extra-aviação ocorrido com a família de Lindbergh, em 1932, cinco anos após o seu feito heróico.

O bebê de Lindbergh, de quase dois anos, foi levado do andar superior do sobrado em que morava, por um sequestrador que entrou pela janela do cômodo onde estava a criança, utilizando uma escada externa móvel.

Na descida, o criminoso carregou o bebê pela escada, de forma canhestra, e acabou por derrubar a criança, que não resistiu ao impacto. O menino foi levado pelos bandidos, que continuaram a pedir resgate, mesmo após o seu falecimento.

O impacto da morte da criança foi devastador para o povo americano e o resto do mundo, e levou à instituição da pena de morte para o crime de sequestro, nos Estados Unidos.

Com apreensão semelhante à de Lindbergh, Oswaldo Aranha, embaixador do Brasil em Washington, enviava a Getúlio cartas sobre a ameaça real de guerra mundial, deixando o presidente brasileiro bem informado e cada vez mais inclinado a fechar com os alemães, apesar de Aranha ser cem por cento americanófilo. Excertos da correspondência de 1936:

"A situação europeia é cada vez pior. Minha impressão é a de que a guerra está reinando na Europa mais do que a paz."

"A Alemanha renova, com as correções da experiência da Grande Guerra, sua investida no sentido de assumir

o domínio da Europa continental. Não renunciou à solução do tema político-militar de 1914."
"O espírito alemão é o mesmo, sem tirar nem por. E sendo o mesmo o espírito, iguais são os propósitos. A ação apenas poderá variar, assim como seus elementos e processos."
"A Rússia, que é o fantasma, não tem nem poderá ter eficiência militar. Seu exército colossal não tem vias de comunicações, nem para mobilizar-se, nem para abastecer-se, e será derrotado aos pedaços antes mesmo de sua concentração normal, que exige longos meses."
Nessa questão, Aranha se equivocou, ao esquecer de que a quantidade de tropas quase ilimitada a serviço de Stálin, com soldados aterrorizados pelas ações cruéis punitivas do ditador soviético, transformou-se no fator preponderante da resistência russa. Além disso, para derrotar os alemães, teve papel importante o "general inverno", com temperaturas extremamente baixas, naquele ano de 1941, mesmo para uma região tão fria. Os nazistas tinham tropas que se estendiam a grandes distâncias de suas bases, dificultando o abastecimento de mantimentos, munição, combustível e roupas de inverno.
Prossegue o embaixador:
"É fora de dúvida que o Japão ou é aliado da Alemanha, ou tem uma ação conjunta combinada, na hipótese de uma guerra contra a Rússia."
"A aviação que auxilia os rebeldes espanhóis é alemã, aparelhos e aviadores (1936)."
"Seja como for, trata de favorecer a nossa possibilidade de tirar resultados dessa guerra e acelera, quanto possível, a nacionalização dos alemães em nosso país. Isso parece-me mais importante e muito mais urgente do que

as demais nacionalizações que estamos a fazer, algumas com certa precipitação e manifesto erro de cálculo."
"A Alemanha voltará a seu poderio e nada mais poderá deter a sua marcha".

O tom das cartas de Aranha para Getúlio não ajudavam em nada a conversa que os presidentes dos Estados Unidos e do Brasil iriam ter logo mais. A partir dos escritos do embaixador do Brasil em Washington, aliar-se aos Estados Unidos parecia uma opção perdedora.

Apesar de todas essas considerações que deixavam Getúlio na dúvida, o povo e a chamada elite carioca já haviam tomado partido pró EUA, e demonstraram isso com muita ênfase, numa calorosa recepção que deixou Roosevelt impressionado e agradecido. Não é para menos, pois o que havia de mais sofisticado na Cidade Maravilhosa ficava à disposição dos viajantes ilustres, na cidade-anfitriã conhecida em todo o mundo por seu empenho em agradar aos visitantes, sem alterar seu modo de vida.

Ali se mesclavam, com toda a naturalidade, as benesses de um governo sediado no Rio, com a vida sofisticada de seus moradores mais conhecidos, endinheirados cidadãos do mundo, sempre prontos a receber, com charme e graça, os visitantes estrangeiros mais ilustres, cuja presença poderia alavancar seus negócios.

Com a chancela da República, esses cariocas requintados cediam suas casas, no mar ou na montanha, para recepções perfeitas, numa simbiose de balneário de natureza exuberante com o luxo da cidade grande (1 milhão de habitantes) que só o Rio de Janeiro era capaz de proporcionar, entre as capitais do mundo.

Um agrado adicional de Getúlio a Roosevelt foram os charutos da Bahia presenteados ao presidente americano.

Como os dois eram charuteiros contumazes, não foi difícil entenderem-se nesse assunto.

A partir da volta aos Estados Unidos, Roosevelt passou a oferecer charutos brasileiros nas reuniões de que participava, ressaltando terem sido presente de Getúlio, "muito bons e suaves".

Eis o passo a passo da recepção de um dia no Rio de Janeiro, ao presidente Roosevelt, preparada pelo cerimonial do Itamaraty, minuto a minuto:

9h Atracação do Indianápolis

10h Desembarque do presidente Roosevelt
(traje: roupa branca)
Somente o ministro Maurício Nabuco e oficiais do Exército e da Armada postos à disposição de Sua Excelência irão a bordo.
O Ministério da Guerra disporá, a partir da praça Mauá, ao longo da Avenida Rio Branco, de uma tropa, a fim de prestar as continências de estilo.
O presidente da República, acompanhado das altas autoridades, aguardará, no pavilhão do Touring Club, o desembarque do presidente Roosevelt.
Convidado pelo presidente da República, o presidente Roosevelt fará, em carro do Estado, um passeio pela cidade, indo, em seguida, para a casa do Sr. E.G.Fontes, no Alto da Boa Vista, onde ao meio-dia almoçará.

13h30 O presidente Roosevelt deixará a casa do Sr. E.G. Fontes, dirigindo-se à residência do Sr. Carlos Guinle, à praia de Botafogo, onde se hospedará o chefe da nação americana.

15h30 O presidente Roosevelt deixará a casa do Sr. Guinle para o edifício da Câmara.

15h45 Chegada do presidente Roosevelt ao edifício da Câmara, onde assistirá a uma sessão conjunta do Senado e da Câmara, com a presença da Corte Suprema (traje: fraque).
Terminada a cerimônia, voltará o presidente à casa do Sr. Guinle, onde às
17h10 receberá os jornalistas brasileiros e americanos.
18h45 O presidente Roosevelt deixará a casa do Sr. Guinle dirigindo-se para o Palácio do Itamaraty.
19h30 Em honra ao presidente Roosevelt será servido, no Palácio do Itamaraty, um jantar oferecido pelo Presidente da República, com a presença das altas autoridades brasileiras e chefes das missões diplomáticas acreditadas no Rio de Janeiro.
21h30 O presidente Roosevelt deixará o Palácio do Itamaraty
21h45 Chegada ao cais
22h Desatracação do cruzador Indianápolis.

O terno branco, em geral de linho, correspondia à máxima elegância no trajar diurno, embora o tecido amassasse muito.

Os políticos levavam a sério a elegância do terno branco. Muitos tinham um conjunto para cada dia da semana, usados uma vez e postos para lavar e passar no final do dia.

O jantar no fotogênico Palácio dos Cisnes, do Itamaraty, serviu como encerramento de gala para a visita-relâmpago do presidente americano, eleito, até então, por duas vezes.

Sete anos depois, os dois presidentes estariam se encontrando em Natal, em plena guerra, numa viagem arriscada e pouco provável, não fosse a empatia gerada entre os dois naquela primeira visita ao Brasil.

A imprensa brasileira, e também a norte-americana,

não economizaram elogios ao descrever o primeiro encontro dos dois presidentes, na Capital Federal.

Excertos:

O Globo, 27 de novembro de 1936
"Roosevelt, apóstolo da paz continental, visita pela primeira vez a América do Sul".

"Às 7 horas e 30 minutos fomos informados pela estação do Arpoador, que o 'Indianápolis' já estava à vista, devendo entrar em nossa baía às nove horas, como estava marcado."

"Uma hora antes da hora marcada para a entrada, o 'Indianápolis' transpunha a barra, demandando o cais."

"O Itamaraty havia fixado para o desembarque do presidente Roosevelt o traje branco. Em vista, porém, do tempo chuvoso, ficou resolvido que, em vez de branco, o traje será de passeio."

"Como uma homenagem especial das crianças brasileiras ao presidente da grande nação norte-americana, foi cantado, quando do seu desembarque, o hino americano, em inglês, na Praça Mauá."

"Encontra-se nesta capital já há alguns dias, o Sr. Paul White, representante da Columbia Broadcasting Co. O senhor White comunicou ontem aos jornalistas que fará, hoje, três irradiações para os Estados Unidos e o mundo inteiro, através das 100 estações da rede Columbia, sendo a primeira no momento da chegada do presidente Roosevelt, a segunda na Câmara dos Deputados, e a terceira no Itamaraty."

Miami Daily News-Record, 27 de novembro de 1936
"Roosevelt desceu da passarela do cruzador Indianápolis, parou, e tirou o chapéu, apesar da garoa fina, ao ouvir os acordes do Hino Nacional Brasileiro. À sua

espera, com os braços estendidos, Getúlio Vargas. Os dois presidentes se abraçaram calorosamente, e apertaram as mãos, apesar da diferença de altura entre os dois: o brasileiro tem 1,60m, o americano, 1,91m".
"Com uma salva de 21 tiros, em homenagem ao presidente brasileiro, o cruzador Indianápolis entrou no porto do Rio. Canhões da base naval da Ilha das Cobras responderam com uma salva de tiros, homenagem ao presidente norte-americano."
"Seis dos 16 navios de guerra do Brasil ficaram alinhados no porto, com as tripulações perfiladas no convés, enquanto o navio americano deslizava entre o Pão de Açúcar e a Fortaleza de Santa Cruz."
"Doze bandas militares localizadas em diversos pontos do trajeto percorrido pelas autoridades tocavam os hinos nacionais do Brasil e dos Estados Unidos."
"A avenida Rio Branco, o bulevar por onde passou o cortejo dos presidentes, estava decorada desde o cais de atracação, até a residência oficial, enquanto multidões de residentes na cidade agitavam bandeiras dos dois países contidas em seu entusiasmo pela formação de soldados, em fila, guarnecendo todo o trajeto."
"James Roosevelt, filho do presidente, tomou assento ao lado do pai no carro aberto em que desfilaram pela cidade".
Indiana Evening Gazette, 28 de novembro de 1936
"Não devemos reagir na mesma moeda se houver uma agressão, não importa de onde venha. A manutenção da paz precisa ser consolidada e reforçada, afirma Roosevelt no Brasil."
"Assim como nos Estados Unidos, a principal preocupação no Brasil é com a paz."

"O panorama de esplendor natural do Rio de Janeiro foi o cenário para a recepção que as autoridades brasileiras deram a Roosevelt. Destaque para o Pão de Açúcar, uma rocha de granito de 300 metros de altura, cuja visão é familiar a todo mundo que já veio ao Rio".

Esta parada, após a visita à Argentina, foi a segunda das duas programadas no cruzeiro do presidente norte-americano, entre as Américas.

Casablanca

O QUE TERIA LEVADO ROOSEVELT a Casablanca, de onde seguiu para o Brasil, numa época de guerra em que as conspirações internacionais e a espionagem floresciam naquela possessão francesa tornada célebre pelo filme de Humphrey Bogart e Ingrid Bergman, que leva o nome da cidade?

Foi uma Conferência entre Roosevelt, Churchill e os generais franceses Charles de Gaulle e Henri Giraud, de 14 a 24 de janeiro de 1943, esses últimos, inimigos íntimos. Para tomar algumas decisões sobre o que Churchill denominou de "o começo do fim da guerra".

A disputa entre os dois militares franceses culminou na Inglaterra, no Carlton House Terrace, onde um orgulhoso De Gaulle, que já se considerava chefe de Estado, ficou furioso quando as forças francesas livres, como ele denominava seu pessoal, deixaram de ser convidadas para participar da libertação do território francês, em benefício de Giraud, esse rival com quem ele se encontrara um ano antes na reunião de Casablanca.

Roosevelt considerava De Gaulle "um ditador em potencial", uma figura "quase insuportável".

No livro *Roosevelt e Hopkins*, de Robert Sherwood, Harry Hopkins, inseparável assessor do presidente americano, presente em Casablanca, revela que "a razão de

Roosevelt querer encontrar Churchill na África era viajar, sair um pouco da vida de gabinete. "Estava cansado de mandar emissários, particularmente eu mesmo, falarem em nome dele em diferentes pontos do mundo. Por motivos políticos, não podia ir à Inglaterra (onde seria estrondosamente ovacionado, manifestação que alguns americanos isolacionistas não aprovariam em tempos de guerra), mas queria ver nossas tropas e não suportava mais os conselhos de que era perigoso viajar de avião. Gostava do drama da coisa, mas, sobretudo, queria fazer uma viagem", continua Hopkins.

Apesar das diferenças entre os participantes, a Conferência foi bem sucedida, mesmo sem a presença de Stálin, ou talvez por isso mesmo. O ditador soviético não pôde sair de seu país, devido ao bloqueio de Hitler, à estoica resistência russa em Stalingrado e ao forte inverno, um dos mais rigorosos da história, a definir o destino pró-soviéticos da sangrenta batalha. Quando Roosevelt regressou a Washington, findou a Batalha de Stalingrado, com a captura do marechal-de-campo Von Paulus e dezesseis de seus generais.

Os dois franceses protagonizaram momentos de implicância dignos de *Laurel & Hardy*, sem estender a mão um para o outro, na pretensão mútua de estar bem na fotografia, quando da libertação de Paris.

Já os charuteiros Churchill e Roosevelt não tiveram nenhum problema de entendimento, ao estabelecer os termos da exigência para uma rendição incondicional da Alemanha, uma ideia que Roosevelt sacou de improviso.

Chegar a Casablanca não foi fácil, devido aos problemas logísticos e de segurança a enfrentar, quando a aviação comercial apenas iniciava as travessias transoceânicas, com aparelhos de maior porte e muitas horas de voo contínuo, sem escalas.

O Boeing 707 só surgiria dezesseis anos depois, com primazia da Pan American, após o fracasso do avião comercial pioneiro, o Comet inglês, por uma falha estrutural decorrente de fadiga de material em torno das janelas do avião. A ruptura que se seguia, e a consequente explosão do aparelho no ar, pôs em dúvida, por algum tempo, a viabilidade do transporte comercial a jato.

No Boeing 707, essas janelas foram projetadas bem menores, como um legado da experiência pioneira da Inglaterra nesse quesito.

Como não era possível para um avião americano voar sobre a Europa ocupada, uma longa viagem precisava considerar diversos fatores: meteorologia, segmentos possíveis de voo, possibilidade de interdição pelo inimigo e existência de base aliada.

Da Inglaterra ao teatro de guerra do norte da África, era preciso voar para a Islândia, Estados Unidos, América Central e Brasil, a partir de Natal, distante 1,6 mil milhas de Freetown, África, cobrindo o trecho que os americanos chamam de "estreito do Atlântico Sul". Para efeito de comparação, a distância reta de Nova York a Londres é de 3,1 mil milhas.

A viagem foi "top secret", sendo que os americanos só foram informados a respeito quando do retorno de Roosevelt a Washington, conforme o jornal *O Diário de Natal,* do dia seguinte, em palavras que denotam o estilo floreado de redação da época, e o imenso orgulho dos natalenses pela realização da Conferência em sua cidade.

Foi uma viagem pioneira, a bordo do Boeing 314, o *Flying Clipper*, em 11 de janeiro de 1943, onde ganhou até bolo de aniversário, no dia 30 de janeiro.

O número de aviões desse tipo fabricados foi de apenas

doze, com o primeiro voo em 1938 e o último em 1951. *Flying Clipper* tornou-se nome genérico para o avião, que voava a 294 km/h, altitude máxima de 19,6 mil pés e autonomia de 5,6 mil km.

Uma característica vinda dos tempos heróicos da aviação, inusitada para um avião desse porte, é que era possível chegar até os motores em funcionamento, com um mecânico se arrastando em compartimentos pelo interior das asas, para pequenos reparos e manutenção.

A navegação era feita por observação pelo sextante, mirando estrelas. Com céu nublado, o jeito era manter o rumo da bússola. Para medir o desvio da rota, devido ao vento, o avião soltava um foguete de iluminação, para ver se o objeto luminoso ficava em linha com a cauda do avião, ou se desviava, sendo possível estimar a alteração.

Embora com instrumentos ainda rudimentares, o *Clipper* era o avião mais desenvolvido que existia para voos longos.

Desde 1928, e durante os anos 1930, os voos transoceânicos só eram realizados por poucas aeronaves.

Para as grandes distâncias eram utilizados os requintados dirigíveis, como o Graf Zeppelin e o Hindenburg, cujo violento incêndio, em 1937, em Nova York, com a combustão de todo o hidrogênio que continha, deixou do aparelho apenas a estrutura metálica que sustentava a cobertura externa, além de muita cinza.

A transmissão de uma emissora de rádio local emocionou o locutor, que chorou ao vivo no microfone, ao ver a desintegração daquele sofisticado e prestigioso dirigível. Na época havia certeza de que aquele tipo de aeronave sucederia o transporte de navio, cujo tempo de percurso começava a incomodar os viajantes com muitos compromissos.

As cenas do desastre filmadas chocaram o mundo, e

deram fim à era dos dirigíveis transportando passageiros a grandes distâncias.

Foi a oportunidade para que os aviões passassem a ser considerados adequados para viagens internacionais.

Os *Flying Clippers*, ainda não pressurizados, tinham casco para pousar na água, como embarcações, e começaram a fazer voos regulares de longa distância. Em Nova York eles amerissavam no aeroporto de La Guardia, onde as elegantes instalações em *art déco* podem ser visitadas até hoje. Tempo em que as mulheres embarcavam de chapéu.

Até então, nenhum presidente norte-americano havia voado em missão oficial, nem deixado o país em guerra.

O Boeing levava 74 passageiros nos voos diurnos. Nas rotas noturnas, 40 passageiros podiam dormir com conforto, em beliches montados à noite. O percurso era coberto com o triplo de horas de voo, em relação aos aparelhos de hoje. Em compensação, havia um salão de jantar com toalhas de linho e louças de porcelana, um bar, quartos de vestir, banheiros, ar condicionado e muito espaço de carga.

O *Flying Clipper* foi o avião pioneiro da Pan Am na rota comercial de Nova York a Marselha, e de São Francisco a Hong Kong, com linha regular também para o Rio de Janeiro, antes da Segunda Guerra Mundial, com aviões Sikorsky S-42, um dos aparelhos precursores dos grandes aviões que utilizavam pistas de aeroportos, como o Stratoliner, com cabine pressurizada.

O projeto do Boeing 314 colaborou para o desenvolvimento de aviões de grande porte, como o modelo denominado *Presidente*, que voou bastante para o Brasil. Até sofrer um acidente sobre a floresta amazônica, por um defeito de superaquecimento na decolagem, que comprometia os motores em longo prazo.

Rumo à África, o avião que levava Roosevelt voou para Belém, no Brasil, depois cruzou o Atlântico, até a colônia britânica de Gâmbia, daí para Casablanca.

Para se entreter na longa viagem, o presidente americano levou consigo histórias policiais, exemplares da revista *New Yorker* e o texto da peça "Adivinhe quem vem para jantar".

Roosevelt inaugurou a tradição de voar no *Air Force One,* que não é um modelo ou aeronave específicos, mas o avião em que o presidente americano estiver viajando.

A viagem do primeiro-ministro inglês foi num Liberator quadrimotor da RAF, partindo de uma base perto de Oxford. Subindo no avião, Churchill tirou seu uniforme azul de oficial da marinha e ficou vestido apenas com uma camisola de seda, antes de se deitar em um colchão sobre o piso do avião. Um aquecedor a gasolina foi instalado para atenuar o frio nas altitudes elevadas. Foi acordado às duas da manhã, pelo calor de um ponto de distribuição do aquecedor que fora ao rubro, queimando os dedos de seus pés. Achando melhor congelar do que pegar fogo, mandou desligar o aparelho, e foi inspecionar a instalação, esquecido de que estava sem cueca por baixo.

Tremendo de frio, a 8 mil pés de altitude, subiu no compartimento de bombas, e tentou prender um cobertor na fuselagem do avião, para tapar os vazamentos de ar.

Seu médico, Lord Moran, do lugar em que estava no piso inferior do avião, observou o carismático líder inglês de quatro, segundo ele "uma figura estranha, a bunda grande e branca à mostra".

Churchill e Roosevelt foram a Casablanca com o melhor que existia em infraestrutura: aviões, carros, jipes, mantimentos e muita segurança.

A sede da conferência foi um hotel, tipo mansão, num salão chamado Villa Número 2.

O local tinha forte vigilância, isolado por uma grossa cerca de arame farpado, o que não impediu os dois líderes de visitar o mercado medieval da cidade, exibindo para os espiões, e para o mundo, a frente unida que formavam contra a Alemanha.

Mas as sentinelas estavam atentas, portando metralhadoras pesadas todo o tempo.

Quando Roosevelt se dirigiu do aeroporto para a sede da conferência, os guardas espalharam lama nos vidros do carro, para que ele não fosse identificado por alguém que acompanhasse o trajeto. Uma providência canhestra, mas eficaz, precursora do *Insulfilm*.

A mesma providência no carro de De Gaulle provocou uma reação do altivo e paranoico general, que interpretou aquele cuidado como uma manobra para ocultar a sua presença naquele encontro, o que o deixou irritado.

O que aconteceu de mais importante na Conferência foi a aprovação, por ambos os dirigentes, de uma política de rendição incondicional dos países do Eixo, uma ideia impensável apenas um ano antes.

Um tema que Roosevelt tirou do bolso do colete, de improviso, sem prévia consulta a ninguém.

Mas a versão de Hopkins é diferente: "Roosevelt se socorreu de algumas notas enquanto falava. Nas fotografias da ocasião ele aparece folheando várias páginas cuidadosamente preparadas de antemão. O presidente quis afirmar que, quando ganhasse a guerra, ganharia para valer. O próprio Roosevelt absolveu Churchill de qualquer responsabilidade pela declaração".

A declaração de Casablanca mostrou que americanos

e ingleses tinham a firme intenção de acabar com a ameaça alemã. Isso assegurou aos soviéticos que os dois países iriam até a última consequência para vencer o conflito mundial, dando alento à sua desesperada guerra de resistência à invasão alemã.

Com perdas acima de 20 milhões de vidas, contra 350 mil mortos norte-americanos, foram os russos que ganharam a guerra, contando com o fornecimento de armas e equipamentos vindos da América do Norte. Essa é a versão mais nova da história da Segunda Guerra Mundial, a partir de revelações dos arquivos russos, agora abertos ao público.

Para Hitler, após Casablanca, tinham acabado as esperanças de uma paz em separado, obrigando o ditador nazista a encarar pela primeira vez a sua inevitável derrota.

Quanto a Giraud e De Gaulle, mantiveram suas picuinhas até o fim, recusando-se a formar um comando unificado da "França Livre".

Roosevelt só chamava De Gaulle de "Joana D'Arc", e quando o francês tomou conhecimento do apelido, nunca mais falou com o presidente americano.

A Conferência de Casablanca foi uma das últimas vezes em que a Grã-Bretanha poderia ter imposto sua liderança aos Estados Unidos.

Dali para a frente o que aconteceu foi a inexorável passagem do poder da Europa para a América, com o surgimento de um super-poder emergente, que daria as cartas no mundo, a partir de então.

Editorial (nada modesto) de *O Diário de Natal,* sexta-feira, 29 de janeiro de 1943:

"Depois de Casablanca, no Marrocos francês, o nome de uma pequena cidade da América, desde hoje, pela manhã, brilha como um estrela na primeira página de todos os jornais do mundo. Folgamos em registrar que esse nome é Natal e que nossa pacata e modesta capital viu-se, de repente, cenário de um grande e relevante acontecimento histórico do presente conflito.

Num cruzador norte-americano, surto no Potengi, velho e amorável rio provinciano, tão cantado pelos nossos poetas, dois líderes do continente novo, que são também dois eminentes chefes de guerra, se encontraram, sob o sigilo e a discrição que os seus altos postos e as suas seguranças pessoais estavam a exigir...

A hidra nazista será vencida, afinal, um dia, e a nossa satisfação e o nosso orgulho de natalenses vibram pela constatação de que golpes decisivos e seguros contra o inimigo foram planejados e combinados aqui, e que, portanto, na hora dos triunfos, o nosso nome há de ser lembrado com emoção e entusiasmo".

O último livro do historiador inglês Ian Kershaw, denominado *The End*, aborda o aniquilamento total das cidades alemãs, e de suas populações, como consequência do encontro de Casablanca:

"A fórmula encontrada pelo presidente Franklin D. Roosevelt na Conferência de Casablanca, em janeiro de 1943, de acordo com o primeiro-ministro britânico Winston Churchill, representou a primeira vez em que um Estado soberano não teve nenhum oferecimento formal de rendição, como alternativa à capitulação total e incondicional. Esse fato, nos primeiros anos do pós-guerra, foi considerado, em especial pelos generais alemães que deram depoimento, como 'a única explicação adequada para uma resistência tão prolongada da parte da Alemanha, uma vez que a exigência da rendição incondicional afastou qualquer outra alternativa'."

1943

"Alguns soldados desmobilizados após a guerra insistiam que aquela cláusula de rendição incondicional foi levada a sério. Por isso, é possível argumentar que foi uma decisão contraproducente, tendo servido apenas para alimentar a propaganda nazista. Uma campanha de comunicação que, no início, reforçou a vontade de resistir. Mas é discutível atribuir aos Aliados a culpa por uma política errônea de rendição incondicional. Tal argumento é considerado como uma desculpa esfarrapada por mais de um estudioso do assunto."

"As razões pelas quais a Alemanha prosseguiu em sua luta até o fim do conflito não devem ser encontradas nesta demanda dos Aliados, não obstante seus acertos e falhas, mas nas estruturas do regime nazista em sua fase moribunda, e nas mentalidades que moldaram sua ação."

40t nas águas do Potengi

NATAL, MANHÃ DE 28 DE JANEIRO DE 1943. Um grande avião, com as cores da Marinha Americana, vindo de alto-mar, amerissa sem aviso prévio no rio Potengi. Eram 7h50 da manhã, e a população de 40 mil habitantes iniciava seu dia com a tranquilidade de sempre. O aparelho era gigante, nunca visto pelos natalenses, embora já acostumados com o rugido dos motores das aeronaves militares pousando e decolando no rio.

Era diferente, um aparelho de grandes proporções, com 32 metros de comprimento e 46 de envergadura. Tinha dois andares, três lemes, e a inscrição NC 18605. O quadrimotor trazia a inscrição Pan American Airways na sua lateral. Grandes bandeiras norte-americanas pintadas chamam atenção no nariz e no leme central. Suas 40 toneladas vão de encontro às águas do Potengi. Abrem sulcos profundos, com os seus volumosos flutuadores, jogando água para cima, como chafarizes geradores de ondas laterais, com a marola ruidosa subindo às margens do rio.

Em seguida, com muita pressa, uma lancha transporta os passageiros até o USS Humboldt, ancorado próximo ao cais da Tavares de Lira, em vez da recém-inaugurada estação de passageiros da Panair do Brasil. Era uma construção nova, com fachada de oito arcos, com um píer de atracação para hidroaviões, o "prédio da Rampa", com torre de observação, no terceiro andar.

Roosevelt foi retirado do avião e transferido ao barco nos braços do secretário Harry Hopkins e de tripulantes do avião, e em seguida levado para o navio onde almoçaria no mesmo dia com o presidente brasileiro. Usava um terno branco, gravata preta, assim como a tarja no braço, em sinal de luto pela queda de um avião de sua comitiva, pouco tempo antes, com perda de vida de alguns de seus assessores.

Vinte e cinco minutos depois amerissa um segundo hidroavião com as mesmas características, e matrícula um número abaixo do primeiro, NC 18604. Chega com o motor de número três embandeirado, sujo de graxa por fora.

Para os habitantes locais deu para ver que alguma coisa muito inusitada estava acontecendo.

As duas aeronaves Boeing B-314 estavam a serviço da Marinha Americana, transportando o presidente Franklin Roosevelt da Conferência de Casablanca, no Marrocos, para uma reunião com o presidente do Brasil, Getúlio Vargas, seguindo depois para Miami, onde a comitiva do presidente americano iria de trem para Washington.

Os passageiros VIP enfrentaram um voo turbulento no início do trajeto, até os pilotos baixarem a mil pés, voando em melhores condições, por toda a duração do trajeto de 22.962 km, até Natal.

O *Air Force One* ganhou três horas na travessia, em relação ao tempo previsto pelo navegador, graças a fortes ventos de cauda.

Sem conhecimento das autoridades locais, Getúlio já havia chegado a Natal, e aguardava Roosevelt.

O presidente brasileiro saíra do Rio de Janeiro no dia 27 à noite, em companhia do almirante Ingram, comandante da Quarta Frota da Marinha dos Estados Unidos, e mandachuva da base aérea e naval durante a guerra, e do embaixador americano no Brasil, Jefferson Caffery.

Getúlio só anunciou sua chegada no dia 28, já a bordo do USS Jouett, criando uma saia justa com as autoridades locais. O comandante da Segunda Zona Aérea, brigadeiro Eduardo Gomes, estava presente. Sete anos depois ele seria candidato derrotado por Vargas na eleição para presidente do Brasil.

A importância do encontro pode ser medida pelo fato de o comandante Ingram, a maior autoridade da Marinha Americana, ter saído do Nordeste e ido ao Rio de Janeiro, especialmente para buscar Vargas, para o encontro com o presidente americano.

Roosevelt instalou-se no USS Humboldt, recebendo o embaixador Caffery para uma longa conferência, antes de encontrar o presidente brasileiro.

Na conversa com Getúlio foi reforçada a posição dos chefes militares norte-americanos, interessados em que as tropas brasileiras não fossem para o *front* europeu ou africano, mas que guarnecessem Açores e Cabo Verde, substituindo tropas do ditador Oliveira Salazar estacionadas naquelas ilhas, mas que poderiam ser mais úteis em Portugal continental.

Um aparente equívoco político e geográfico feito pelos americanos, com relação a duas nações independentes que têm em comum o idioma português.

Mas Getúlio respondeu como se a ideia fosse razoável, aproveitando a oportunidade para enfatizar de novo a necessidade de receber equipamentos bélicos, adaptando o discurso habitual para as ilhas portuguesas: "Não podemos enviar tropas para Portugal, a menos que vocês forneçam equipamentos adequados também para eles, que viabilizarão a nossa atuação na região".

O embaixador Caffrey sintetizou para Roosevelt as questões que Vargas gostaria de discutir com ele, baseado numa carta de Oswaldo Aranha para Getúlio, que o próprio embaixador do Brasil nos Estados Unidos deu para o colega ler, contendo onze pontos que o Brasil deveria buscar para sair da guerra com vantagens de um aliado fiel, que havia concordado em ceder a mais importante base aérea de que os americanos dispunham, no Hemisfério Sul (ver Capítulo *Oswaldo Aranha*).

Às 11h45 efetivou-se o encontro de Vargas com Roosevelt, em almoço a bordo do Humboldt.

Foi um dia agradável para os dois presidentes, que não se encontravam desde 1936, no Rio.

Trocaram cumprimentos efusivos, depois fizeram fotos no convés, almoçaram no camarote de Roosevelt, e seguiram para as bases aérea e naval de Natal. Tudo acontecia como se o presidente americano tivesse concedido uma audiência a Getúlio, que parecia ser o convidado e não o dono da casa, já que todo o aparato militar era dos visitantes.

Mas o político gaúcho, calejado e realista, não se mostrou ressentido com o dispositivo montado pelos americanos, o que de fato refletia a realidade da situação entre os dois países, e os fatores externos que os ameaçavam.

Por isso planejara chegar na véspera, para assumir o papel de anfitrião à espera do convidado.

Segundo o embaixador Caffery, falando em francês, Roosevelt comentou a evolução da guerra, a produção industrial americana, as relações com a Inglaterra, e analisou a frente russa, onde a batalha de Stalingrado estava nos últimos dias, com derrota dos alemães. Revelou planos e esperanças para o pós-guerra, e para o futuro das colônias francesas, influenciado pela viagem que acabara de fazer.

Os dois falaram também sobre o desenvolvimento industrial brasileiro, e a imigração para o país no pós-guerra, sendo que Getúlio usou também o que tinha de inglês para se fazer entender.

Depois fizeram uma declaração conjunta, enfatizando que a África Ocidental nunca mais poderia se transformar em ameaça para as Américas.

Os dois presidentes tomaram o jipe, de número sete, na Rampa Alemã, acompanhados pelo almirante Ingram e mais dois passageiros, todos americanos, assim como o motorista. Ficaram de olho comprido, o general Cordeiro de Farias e o almirante Ari Parreiras, comandante da base naval, até o retorno dos americanos. Rafael Fernandes, interventor do Rio Grande do Norte, nomeado por Getúlio, também assistiu à partida dos dois presidentes.

Os oficiais que viram o veículo passar, alguns dos habitantes da cidade e militares dos dois países reconheceram os presidentes durante o percurso pela cidade, chegando a aplaudir a comitiva.

Mas a maioria só percebeu um certo alvoroço na cidade, caso de um habitante, hoje entrado em anos, chamado Tupinambá, que segue morando em Natal, em frente ao local do encontro. Operado de surdez, com um implante espiralado, ele agora escuta, e revela com satisfação o pouco que sabe a respeito do encontro entre os presidentes, na Rampa. Informa que viu muitos soldados em torno de um jipe, como um menino curioso que morava ali em frente. Acabou por chegar perto do grupo, no prédio dos arcos, a tempo de apreciar a saída do veículo militar, para o giro por Natal. Só mais tarde soube que havia sido testemunha de um episódio histórico, sobre o qual desanda a falar, embora não tenha mais detalhes a acrescentar.

No período da tarde, os presidentes discutiram a ameaça submarina do Caribe, ao Atlântico Sul, com um apelo de Vargas para que medidas mais intensas de proteção à costa brasileira fossem adotadas.

Documentos apreendidos demonstravam que os alemães estavam mais interessados no Brasil do que se poderia supor.

Em 1928 fora fundado o Partido Nazista Brasileiro, onde somente alemães poderiam se filiar. No Brasil havia um milhão e cem mil alemães e descendentes, que viviam no Sul e em São Paulo.

Nos documentos encontrados havia uma declaração de Hitler, de 1933: "Criaremos no Brasil uma nova Alemanha. Encontraremos lá tudo de que necessitamos".

Seriam eliminados índios, negros, mestiços e judeus.

Roosevelt acalmou o presidente brasileiro em relação a uma possibilidade de invasão alemã vinda de Dacar, pela parte mais estreita do oceano, até Natal, em razão das últimas vitórias dos Aliados em combates no norte da África.

Era grande a preocupação com um possível ataque aéreo alemão ao litoral do Brasil. Em Recife, as sirenes alertavam para o início do blecaute, e cortinas pretas tapavam as janelas. No Rio de Janeiro, o pintor Cândido Portinari, colaborando com o esforço de guerra, produzia cartazes para a LBA- Legião Brasileira de Assistência, dirigida pela primeira dama Darcy Vargas, com os dizeres: "Um olhar inimigo o está espreitando, apague esta luz que pode servir de alvo para um ataque". O consagrado artista produziu sete cartazes diferentes com a mesma advertência.

Entretanto, um ataque da *Luftwaffe* do outro lado do Oceano Atlântico era tão inviável quanto a hipótese de que os aviões saídos de Parnamirim atacassem o continente africano e regressassem às suas bases no Brasil. O Rio também teve blecaute, embora fosse mais vulnerável por estar à beira-mar. Difícil de entender é porque São Paulo foi submetido a blecaute durante a guerra, embora seja uma cidade situada a 10 mil quilômetros das principais cidades da Alemanha, com 700 metros de altitude acima do nível do mar. Detalhe importante: a Alemanha não tinha porta-aviões.

Apesar de ser um alvo quase impossível, São Paulo deveria ocultar qualquer foco de luz das casas, ou dos faróis dos automóveis, sob pena de os moradores receberem advertência do "guarda-noturno", encarregado da segurança da rua.

Em Natal, a conversa amistosa entre Getúlio e Roosevelt prosseguiu até tarde.

No retorno ao *Humboldt* houve um jantar íntimo, com os presidentes, mais o embaixador Caffery, Harry Hopkins, e um assistente de Getúlio.

Desse encontro ficou a foto histórica do jipe com as autoridades sentadas no veículo dando gostosas gargalhadas, indício de que os entendimentos andavam bem.

Quanto ao jipe, esteve durante alguns anos em exibição na base de Parnamirim, no saguão do aeroporto civil, para que todas as pessoas, viajantes ou não, conhecessem a viatura que ficou famosa na fotografia dos presidentes, que rodou o mundo.

Tratava-se do jipe Willys, ano de 1942, chassis MB-137814 e motor MB-239358. Na parte dianteira do chassi estava gravado o número 166. Nas laterais, o número 7.

Terminada a guerra, começou a canibalização das peças do jipe histórico. Ainda no limite de seu funcionamento, passou a ser veículo "follow me", no aeroporto de Natal, até ser vendido em concorrência pública, autorizada pelo ministro da Aeronáutica, em 1961. Quem comprou foi o comerciante Abass Hassanamin, dono da loja "A Formosa Síria", situada no centro de Natal.

O novo proprietário percebeu a importância histórica daquele veículo militar quando passou o jipe adiante para o vizinho Magno Joaquim. Arrependeu-se da venda, ao saber que aquele jipe poderia ter se tornado peça de um museu de guerra. Seu paradeiro segue desconhecido, apesar das buscas feitas no Detran/RN, à cata do jipe que um dia esteve no centro da guerra.

Getúlio chega de véspera

COM TODOS OS PROBLEMAS que o presidente americano tinha de enfrentar em dois teatros de guerra, na Europa e na Ásia, o fato de ele ter vindo ao Brasil naquelas circunstâncias era um sinal sensível da importância crescente que o país conquistava junto aos Aliados, em função de sua posição geográfica estratégica, e ao mesmo tempo vulnerável, vasta extensão territorial, interesses políticos e de desenvolvimento econômico em comum. Era esse o teor dos comentários ufanistas da imprensa brasileira e norte-americana, após o sigiloso e bem-sucedido encontro em Natal.

Getúlio reuniu a imprensa para falar da sua viagem secreta, no dia seguinte ao retorno do encontro com o presidente Roosevelt. Foi uma entrevista coletiva no Palácio Guanabara no dia 29 de janeiro de 1943, um ano após o rompimento de relações do Brasil com o Eixo. Uma sensação para quem estava presente: como seria possível essa familiaridade com Roosevelt, um dos presidentes mais populares e prestigiosos dos Estados Unidos, numa região tão improvável e remota para um encontro de cúpula durante a guerra?

Não faltou a pergunta que Getúlio também fazia a si mesmo: Quando iria visitar seu filho gravemente enfermo, em São Paulo?

Esse segundo encontro entre os dois presidentes foi bem diferente do primeiro que tiveram no Rio, em 1936, no qual a única preocupação era cumprir na íntegra o protocolo. Agora não, tudo tinha de ser feito em absoluto sigilo, sob pena de que um dos presidentes pudesse sofrer um atentado. Além disso, os longos trajetos sobre o oceano como os percorridos por Roosevelt representavam um risco de acidente bem maior do que ocorre com os aviões modernos.

O Boeing 314 da Pan Am em que o presidente americano voou da costa africana até o Brasil era um respeitável e confortável quadrimotor, de grande autonomia, o famoso *Flying Clipper,* uma alusão aos veleiros rápidos que faziam a rota Estados Unidos–Europa, antes da invenção dos barcos movidos a vapor.

Os Clipper oceânicos tinham um design muito elegante e adequado a suas funções, e uma graça especial na sua construção, com cascos, conveses e cabines feitos com madeiras nobres, e velas correndo sobre quatro a cinco mastros, de elevada altura, o que resultava em grande propulsão pelo vento. Representavam o que havia de melhor na tecnologia náutica, até hoje alvo da admiração dos projetistas modernos. Um modelo remanescente da época pode ser visitado no *Sea Port*, ao sul de Manhattan, NY.

Com toda essa tecnologia, eram barcos que batiam recordes seguidos no tempo de percurso entre os continentes americano e europeu.

Dois dias depois da chegada do presidente americano, o fato mais importante da virada da guerra contra a Alemanha aconteceu com a derrota de Stalingrado.

Getúlio chegou de véspera num avião militar americano, e se instalou no navio Jouett.

Pela manhã, subiu ao convés, divertindo-se com o

movimento ao redor do navio. Meninos que se banhavam no rio Potengi conversaram com o presidente, que jogou moedas para que eles recolhessem no fundo. Depois perguntou aos garotos se desejariam cursar a Escola de Pescadores, no Rio, convite logo aceito. Getúlio orientou-os a se identificar em palácio, e deu instruções ao interventor Rafael Fernandes para enviá-los à capital do país.

O almoço no navio de guerra americano Humboldt marcou o ponto alto do relacionamento de ambos durante toda a viagem. Roosevelt encantou Vargas quando lhe presenteou com uma bengala.

O presidente brasileiro explorou, com habilidade política, o fato de ter chegado de véspera, "como deve acontecer com o anfitrião de um encontro", conforme declarou, para que não houvesse dúvida de quem era o dono da casa, apesar de que a base de Parnamirim fosse uma base americana, comandada por americanos, exceção feita à base brasileira, bem menor, do lado oeste. Foi na Rampa, ponto de desembarque dos passageiros de voos comerciais dos hidroaviões, que os dois presidentes tomaram o jipe do exército.

Era uma instalação feita de placas de concreto, cujos pedaços que sobraram ainda são visíveis, batidos pelas ondas que completam o processo de destruição. A Rampa Alemã recebia hidroaviões quando pilotos pioneiros, comandando aparelhos ainda rudimentares, conseguiam atravessar o Atlântico. Esse tipo de aeronave era utilizado para maior segurança nos grandes trajetos sobre o mar, e também porque não havia alternativa de pouso em terra firme, por falta de aeroportos e pistas.

A dificuldade do percurso era de tal ordem que, como expediente utilizado pelos alemães nas primeiras viagens aéreas a Natal, um navio ficava estacionado no meio do trajeto, no Atlântico Sul, à espera do hidroavião que transportava o Correio. Num prodígio de orientação, para os instrumentos da época, os hidroaviões pousavam ao lado do navio e eram içados a bordo, para reabastecimento, enquanto os tripulantes se alimentavam. Para prosseguimento da viagem, uma catapulta lançava o aparelho de volta aos ares.

A foto dos presidentes, no dia 28 de janeiro de 1943, num jipe pelas ruas de Natal, ganhou o mundo, embora nessa época houvesse uma censura de segurança militar, e notícias como essa só fossem liberadas quando não houvesse mais risco para as personagens da foto.

O dia desse encontro histórico é comemorado com um passeio de jipe pelo percurso feito pelas autoridades em 1943, sendo muito disputados os lugares no veículo, pelas pessoas que desejam participar da reconstituição anual daquele momento histórico, num jipe semelhante àquele utilizado na visita. Até alguns anos, ainda havia, no dia da reconstituição do trajeto, ocupantes do jipe representando o grupo original de 1943, de militares que serviam na Rampa.

Fora isso, a lembrar o encontro histórico ocorrido durante a guerra, só mesmo o Consulado Bar, na rua Câmara Cascudo, em edificação construída pelo imigrante italiano Guglielmo Lettieri que, após ter sido cônsul da Itália no Rio Grande do Norte, acabou preso, acusado de espionagem para os nazistas. A arquitetura original do casarão foi mantida, assim como um de seus pisos originais de ladrilhos que reproduzem várias vezes a cruz suástica alemã, símbolo do nazismo que aterrorizou o mundo de 1939 a 1945.

Em 1943, o comboio de carros militares fez o trajeto de dezessete quilômetros entre a Rampa e a base de Parnamirim, onde o movimento de aviões já era intenso num início de tarde de domingo. Passaram pelo Canto do Mangue e pelas avenidas Hildebrando de Góes, Duque de Caxias, Ulisses Caldas, Floriano Peixoto, rua Potengi, avenidas Hermes da Fonseca, Salgado Filho, e pela BR-101. O grupo chegou à base às 11h10.

Maria Lúcia Hipólito, habitante de Natal, foi testemunha ocular da passagem da comitiva, na rua João Pessoa com Avenida Deodoro da Fonseca. "Quando vi, lá estavam Roosevelt, um homem grande, e Vargas, bem pequeno, mas havia pouca gente para ver a passagem deles", o que não é de admirar, tal o sigilo que preservou o acontecimento.

Mas nessa comemoração são apenas quatro os ocupantes do veículo, contra cinco na versão original, fruto de uma observação imperfeita da foto, em que o ocupante do jipe, à direita de Getúlio, parece estar em pé, fora do veículo, quando na verdade também está sentado.

Do outro lado do Atlântico, Hitler usava também um avião em seus deslocamentos pela Alemanha e países europeus. Ele considerava que o fato de utilizar um aparelho tão novo e moderno, novidade absoluta para a maioria das pessoas, colaborava para a imagem de infalibilidade e liderança que pretendia passar.

Utilizava o avião para levá-lo aos comícios relâmpago que fazia por toda a Alemanha, na campanha para a eleição presidencial. O avião em que ele mais viajou foi o trimotor Junkers J-52, embora mais ou menos na época em que Roosevelt utilizava o Boeing quadrimotor ele recebera, direto da fábrica, um novíssimo Focke-Wulf, também quadrimotor, de grande autonomia.

No encontro de Natal, Getúlio usava a bengala de apoio, presente de Roosevelt, que o ajudava a caminhar, resquício de um trauma causado por um acidente de automóvel, no Rio de Janeiro, um ano antes. Na foto do jipe, o presidente brasileiro aparece sorridente, segurando a bengala, após três meses com o quadril imobilizado, em consequência do acidente sofrido na Praia do Flamengo, no Rio, quando se dirigia para as comemorações do Dia do Trabalho, em 1º de maio de 1942, no estádio de São Januário, do Vasco da Gama.

Naquele dia, Vargas falaria ao povo sobre as ameaças que "os ventos atlânticos há muito sopravam", em referência aos ataques dos submarinos alemães ao Brasil, determinados de forma explícita pelo almirante Doenitz, responsável pela frota de submarinos alemã.

Uma oportunidade frustrada de que o presidente exercitasse a retórica populista que sedimentava seu poder. Em vez disso, o acidente o obrigaria a longa convalescença.

Aconteceu quando o presidente voltava de Petrópolis, sem batedores acompanhando a comitiva, numa quinta-feira ensolarada, de temperatura agradável na Capital Federal. O Cadillac 1941 preto que levava o presidente – o último modelo fabricado antes da entrada dos Estados Unidos na guerra – avançava pela Praia do Flamengo, a dois quilômetros do Palácio Guanabara. No cruzamento com a Silveira Martins, o guarda de trânsito, ao ouvir a buzina do carro presidencial, interrompeu de forma brusca a passagem dos veículos que cruzavam a Av. Beira-Mar. Um deles forçou a passagem, e ficou atravessado na pista (era o carro de um médico, Amador Cendoba, preso após o choque, como manda uma boa ditadura). Para impedir a colisão, o motorista tentou desviar, mas bateu na traseira do carro. Em seguida atingiu um poste de sinalização, que foi derrubado, amassando a frente do Cadillac.

Em poucos minutos, o local estava cercado de curiosos, impressionados com a violência do impacto, num tempo em que mesmo os carros de luxo eram desprovidos de quaisquer equipamentos de proteção para os passageiros, como o cinto de segurança. Getúlio foi retirado com diversas escoriações e dificuldade para caminhar, sendo levado a um hospital, em outro carro da comitiva.

O maior impacto foi na perna direita, que se chocou contra a porta do veículo, com violência.

Segundo o *Correio da Manhã* do dia seguinte, a radiografia identificou "uma violenta lesão coxo-femural, sem sinais aparentes de fratura".

Novos exames revelaram fraturas sérias, em três lugares, na perna, na mão e também no "ramo ascendente esquerdo do maxilar inferior do presidente".

Foram necessários três meses para que Vargas se recuperasse de forma plena, período em que se acirraria a luta pelo poder dentro de seu governo.

O discurso que Vargas faria no campo do Vasco foi lido para 40 mil pessoas, por Marcondes Filho, ministro do Trabalho.

Por coincidência, no mesmo momento do discurso, que chamava a atenção para as rotas marítimas do Atlântico Sul, depois de 53 dias de calmaria nos mares – desde o afundamento do Cairu, em 8 de março –, o Parnaíba era torpedeado pelo U-162. Navegava no Caribe, rumo a Nova York, levando café e cacau. Por ironia, tratava-se de um navio confiscado dos alemães na Primeira Guerra Mundial.

Numa época em que tantas ocorrências graves surgiam de forma simultânea, Getúlio só conseguia relaxar em Petrópolis, cidade que frequentava com assiduidade. Era visto em caminhadas pela cidade, e se hospedava no Palácio Rio Negro, de propriedade do governo.

Também refúgio preferido do Imperador do Brasil, D. Pedro II, a cidade foi batizada em sua homenagem.

Ali foi assinado o decreto que sacramentou a Base Aérea de Natal, em 1942, um ano apenas após a criação da FAB.

O primeiro registro existente relativo à cessão de uma área de território brasileiro para ser utilizada por militares dos Estados Unidos partiu do próprio Vargas, em janeiro de 1937, em carta enviada ao Departamento de Estado norte-americano, levada em mãos à Casa Branca pelo embaixador Macedo Soares, com um parágrafo em que o assunto é mencionado:

"O presidente Vargas deseja sugerir a possibilidade de uma conversação em futuro próximo, entre autoridades navais e militares dos Estados Unidos e Brasil, com o propósito de saber qual poderia ser o interesse dos americanos na construção de uma base naval em porto brasileiro apropriado. A concretização dessa possibilidade poderia ser muito útil aos americanos, no evento de uma agressão contra seu país. Neste caso, os interesses vitais do Brasil também estariam envolvidos. O presidente Vargas sugere, também, que os EUA possam querer discutir a possibilidade de utilizar alguma outra porção do território brasileiro, como salvaguarda de uma aproximação ao Canal do Panamá, vinda do Leste."

Nove anos antes da colisão na Av. Beira-Mar, havia ocorrido outro sério acidente automobilístico com o presidente, dessa vez no quilômetro 53 da Estrada Rio-Petrópolis, com todas as características de um atentado moderno bem planejado contra a autoridade máxima do país.

Mas o que ocorreu foi uma fatalidade, quando um enorme bloco de pedra se desprendeu da encosta de granito à beira da estrada, caindo sobre a capota do carro, matando na hora seu ajudante de ordens, e ferindo gravemente o presidente e sua mulher, dona Darcy Vargas. Getúlio teve fratura na tíbia da perna direita e fissura no tornozelo esquerdo. Ela teve fratura exposta da tíbia esquerda. Getulinho, o caçula do casal, e o motorista nada sofreram.

É o próprio Getúlio quem descreve o acidente que sofreu: "De começo, chovia e ventava. Melhorou um pouco o tempo, subimos a serra, entramos na zona dos viadutos, passamos por um volumoso tronco de madeira, desviando-o. Recomeçou a chuva e o vento. Repentinamente, no seio da noite trevosa, um estrondo como de uma explosão. Senti um choque formidável sobre as pernas que me imobilizou. Parou o auto, verificamos a catástrofe: uma pedra rolara da montanha, atravessara a capota do auto e atingira em cheio o comandante Celso Pestana, que caiu fulminado, sem um gemido. Eu estava na ponta da esquerda, e ele na minha frente, a Darcy no meio e o menino à direita, não sendo atingido. Aguardamos a chegada do auto da polícia, foi retirada a pedra, e marchamos no próprio auto sinistrado para o Hospital São José. Foram 20 minutos de angústia. Eu, imobilizado num canto, tendo sobre as pernas o banco quebrado e o corpo do malogrado oficial. Darcy, deitada sobre o banco, com a cabeça no meu ombro, ensanguentada, com a perna fraturada, gemia lamentosamente sob a pressão daquele duplo choque. Assim chegamos ao hospital. Eu, com três fraturas sem gravidade, fui estucado em aparelhos de gesso, imobilizado no leito, aguardando a consolidação – obra do tempo. Minha mulher, pobre sofredora, com uma fratura exposta, já com os vibriões da decomposição apurados em exame, ameaçada de gangrena, atravessa o período álgido da observação clínica. Encerro esta página. Só

Deus sabe o que o futuro reserva." *(Anotações de Getúlio Vargas, em seu diário particular, em 30.4.1933)*
Dramático é o fato de os feridos e o cadáver do ajudante de ordens do presidente terem seguido no próprio automóvel acidentado, cujo motor seguiu funcionando, apesar do impacto que o carro recebeu.

A bengala que Roosevelt deu a Getúlio, em sua chegada à base de Parnamirim, foi o traço de união entre o acidente da Av. Beira-Mar, no Rio, e o passeio de jipe por Natal. Parnamirim *Field* era uma instalação militar que, àquela altura, havia alcançado um alto índice operacional de eficiência e produtividade, graças à garantia técnica e financeira dos Estados Unidos. Para constatar esse fato nem era preciso descer do jipe. Bastava olhar ao redor, para as instalações da base, em perfeito estado de conservação.

Antes que os americanos chegassem a Natal, Parnamirim não lembrava em nada uma base americana, a julgar por um relatório da Intendência do Exército sobre Material de Alojamento e Móveis, em particular sobre as camas dos taifeiros:

"Os taifeiros continuam a dormir em camas 'Patente', cujos colchões velhos andam infestados de percevejos, não obstante tenham sido empregados todos os esforços no sentido de sua extinção, os quais foram nulos, em vista desses parasitas entranharem-se no interior dos colchões, dificultando seu extermínio, que só poderá ser total com a incineração dos colchões. Outrossim, a maioria das camas destinadas a taifeiros não possui travesseiros, em vista do almoxarifado da base não os possuir para distribuição."

Na faxina realizada para causar boa impressão aos americanos que chegavam, o relatório das providências tomadas em 1943 destacava que "o aspecto de Parnamirim melhorou consideravelmente. Continua a haver a mais estreita cooperação entre as autoridades militares brasileiras. A FAB tem trabalhado de mãos dadas com as autoridades americanas aqui sediadas, para o bom desempenho de todas as missões, de modo a que concorra no máximo de seus esforços para a total destruição do fascismo internacional."

Para se livrar das favelas na periferia da base aérea, as providências foram mais radicais, conforme o mesmo relatório: "O problema do Mocambo em Parnamirim foi quase totalmente resolvido, uma vez que foram destruídos cerca de 400, e outros que apresentavam melhor aspecto, foram melhorados em suas condições higiênicas, construindo-se fossas, banheiros, e melhorando o aspecto interno e externo dos mesmos."

A ameaça dos submarinos

WINSTON CHURCHILL DECLAROU que a ameaça dos submarinos alemães foi a única coisa que ele de fato temeu durante o conflito mundial. O povo britânico, e o governo, dirigiram boa parte do auxílio que chegou com o Plano Marshall, após a guerra, à compra de alimentos, para atender às necessidades prementes de uma população malnutrida, em função dos navios afundados. Anos mais tarde, em visão retrospectiva, ficou claro para os ingleses que o auxílio poderia ter servido para rejuvenescer a indústria do país, poupada pela guerra em relação aos países derrotados.

De forma paradoxal, a Alemanha, embora aniquilada, acabou por ficar com uma indústria mais moderna, a partir da destruição total de suas instalações, em relação às fábricas inglesas. Mas a Inglaterra digeriu boa parte do Plano Marshall.

Essa situação de necessidade extrema resultou da enorme quantidade de suprimentos que nunca chegou à Grã-Bretanha, pela intensa atividade dos *U-Boats* alemães, a torpedear com precisão os navios que levavam cargas essenciais para os ingleses. Também as forças militares sofreram grandes perdas de equipamentos, no período de maior sucesso dos ataques de submarinos nazistas, dos anos de 1940 a 1943.

1943

Mesmo assim, o potencial de ataque do almirante Doenitz poderia ter sido maior. A partir de ordens expressas de Hitler, a estratégia de Doenitz foi prejudicada pelo direcionamento de parte da atividade dos submarinos para o Mediterrâneo, como apoio às forças terrestres nazistas. Se não fosse isso, o total de 23.351 navios aliados afundados de 1939 a 1945 teria sido muito maior, e o desfecho da guerra poderia ter sido diferente, em prejuízo dos Aliados.

A cabeça de Hitler era voltada para a guerra terrestre, e ele tinha pouco conhecimento da importância do poder naval e da estratégia a empregar nos combates marítimos. Mas dava ordens radicais a respeito, do mesmo jeito.

Com isso, o esforço de guerra alemão foi orientado para navios de grande porte, negligenciando a produção de *U-Boats*, sem levar em conta que Grã-Bretanha, França e Estados Unidos estavam mais bem preparados para os combates de superfície, em relação a enfrentar o desafio vindo das profundezas.

Diante da enorme quantidade de navios aliados afundados pelos submarinos alemães, com grande eficiência, parecia que aquela campanha havia sido preparada com muita antecedência pelos nazistas. Nada mais falso. O sucesso da campanha contra os navios aliados não estava nas previsões de Hitler, nem os submarinos tinham prioridade na Marinha alemã até 1943, quando os esforços, e respectivos recursos, foram concentrados nos *U-Boats*.

Quando a guerra começou, os alemães contavam com apenas 43 submarinos. Logo após o conflito, o comandante da frota, almirante Doenitz, a quem se deve o sucesso da campanha, desabafou: "A Alemanha nunca esteve preparada para uma guerra naval contra a Inglaterra. Uma política realista teria equipado a Alemanha com mil submarinos, logo no início, o que teria acabado com a logística do inimigo".

Os países do Eixo estiveram muito próximos de ganhar a guerra para a dominação do mundo. De junho de 1940 a junho de 1941, Hitler se voltou contra a União Soviética, invadiu o seu território e rasgou o tratado de não agressão assinado pelos dois países. Só sobraram os ingleses e os países membros do *Commonwealth* entre os nazistas e a sua completa vitória. Mas os russos resistiram até o limite de suas forças e, com um contingente humano quase inesgotável, conseguiram virar o rumo da guerra, a partir da batalha de Stalingrado.

É preciso lembrar que 50% dos equipamentos militares do Exército Vermelho procediam das indústrias americanas. Era o chamado Arsenal da Democracia, que não teria dado certo se não tivessem sido vencidas as batalhas do Atlântico Norte e do Atlântico Sul contra os submarinos alemães. Nesse ponto revela-se de novo importância de Natal, no abastecimento das forças do general Montgomery, o que possibilitou a vitória nas batalhas do norte da África, e do Mediterrâneo.

Durante o período em que os submarinos alemães dominaram o Oceano Atlântico, a ponto de por a pique milhares de navios aliados, a violência e o sofrimento que um *U-Boat* podia causar a um navio mercante indefeso só pode ser descrito com tintas fortes, como no texto do livro *Alarm!* deste autor, editado no Brasil, sobre a atuação dos submarinos alemães no Atlântico Sul, na Segunda Guerra Mundial:

"Os inimigos se transformavam em cordeiros amedrontados, ao curso do primeiro torpedo vindo em sua direção, ao receber, inermes, indefesos e resignados, a mortal cutilada final.

1943

Um pobre navio-tanque afundado no Golfo do México ficou na memória da tripulação do submarino que o atingiu com apenas um torpedo, no meio do casco. Surge, então, uma grossa cortina de fumaça preta, cor de fuligem, cobrindo o navio de ponta a ponta, em grossas camadas cacheadas superpostas, como pés de couve-flor empilhados. Em seguida explode, com violento alarido, grave e agudo ao mesmo tempo, como paiol de pólvora que de fato era, liberando o cheiro acre da combustão, com parte do casco tornado branco de tão quente, soltando uma cortina que cobre o céu, a uma altura maior que a das nuvens sobre o mar. Exibições como esta, indeléveis para quem viu, tinham como testemunhas apenas a tripulação do submarino, que primeiro observava a cena pelo periscópio, depois, de cima do convés. Além de alguns lívidos, apavorados e chamuscados náufragos sobreviventes, agarrados a qualquer coisa flutuante sobre a solene e grandiosa vastidão do mar."

O encontro de Roosevelt e Getúlio tem a ver com a campanha dos submarinos alemães, que quase ganharam a guerra para os nazistas. Por sua importância e ameaça permanente, essa máquina bélica acabou por permear as diversas fases do conflito, seja pela perda material e de vidas humanas que impuseram aos navios cargueiros e às belonaves, que nunca chegaram a seus destinos, como pela consequente escassez de alimentos que a Europa viveu, com as cargas que se destinavam ao abastecimento da população transformadas em comida para peixes.

Assim, é impossível falar do encontro de Natal sem que os submarinos estejam presentes. Foram combatidos sem trégua por aviões brasileiros e americanos que corriam atrás deles sem cessar nas costas do Brasil.

Além disso, a presença letal dessas embarcações submersas poderia ser o prelúdio da invasão do Nordeste.

Nesse período, a BBC de Londres era a única fonte de informação para quem queria ter ideia do que estava de fato acontecendo, sendo que, nos primeiros anos da guerra, as notícias não eram nada boas para os Aliados.

Mesmo sem entender alemão, era possível ouvir, pelo rádio, Adolf Hitler deblaterando de forma bizarra para milhões de pessoas, em seus comícios por toda a Alemanha, época em que ainda não se sabia que o ditador nazista recebia estimulantes de seu médico particular Theodor Morell, para que os discursos fossem mais arrebatadores.

Todo esse quadro contribuía para o temor de uma chegada de submarinos à costa do Brasil, o que de fato acabou acontecendo, em casos esporádicos.

Com o final da guerra, os submarinos tiveram funções adicionais, como transportar altos dignatários nazistas até a Argentina, refúgio preferido dos egressos da Alemanha nazista. Eles levavam para a América do Sul valores espoliados dos países conquistados, e também as suas próprias culpas por inefáveis atrocidades cometidas durante a guerra.

Segundo o livro *Grey Wolf,* de Simon Dunstan e Gerrard Williams, até mesmo Hitler escapou da Alemanha, tendo falecido em 13 de fevereiro de 1962, na Argentina. Acabou a vida solitário e entediado, a partir de sua fuga para a Patagônia, na província de Rio Negro, numa vila próxima a Bariloche, logo após a guerra, no submarino U-518.

Passados tantos anos do final da Segunda Guerra Mundial, os casos inéditos descrevendo episódios ligados aos submarinos que se passaram nas mais diversas regiões do mundo durante o conflito não param de aparecer, muitos deles revelados por pesquisas feitas na Rússia, cujos arquivos secretos foram abertos, assim como na antiga Alemanha Oriental, cujos dirigentes, alinhados com a Rússia, destruíram o que puderam da documentação nazista que os comprometia, mas ainda restou muita coisa para acrescentar às novas leituras sobre a guerra.

Até o apagar das luzes do conflito, mais um submarino remanescente da derrota total cumpriu missão muito especial, a de levar o que de mais sofisticado a Alemanha possuía, em modernos recursos de combate, para o aliado Japão.

No caso deste submarino, o U-234, uma história fictícia não seria mais surpreendente do que o que ocorreu na realidade.

Aconteceu que, com a guerra chegando ao seu final, os nazistas resolveram despachar para o Japão um submarino que levasse o estado da arte da tecnologia para o país aliado, uma verdadeira Arca de Noé do Terceiro Reich.

Os marinheiros que compunham a tripulação normal da embarcação ficaram surpresos quando o U-234 se preparou para zarpar, sabendo que, pelo andar do conflito, não havia mais condições para travar combate em alto-mar, como no início da guerra.

Para todos os tripulantes, a melhor decisão teria sido ficar em sua base, aguardando a rendição final, com a embarcação protegida por uma espessa cobertura de concreto, no *bunker* em que os submergíveis se recolhiam.

Seu comandante, escalado para aquela missão, era Heinrich Leiber, que não tinha experiência em guerra submarina, o que deixou os homens apreensivos, especialmente após a comemoração de arromba que os oficiais do corpo de submarinos fizeram na véspera, na base do desespero. Tudo com cara de fim de uma era, de derrota anunciada.

Sem mais ilusões quanto a seu destino na guerra, eles

conseguiram encontrar, para a festa, champanhe e caviar, produtos totalmente impossíveis de obter naquelas circunstâncias. Ainda de ressaca, partiram resolutos para a estranha missão que deveriam cumprir.

Ficaram surpresos quando viram a quantidade de materiais depositados com muito cuidado no porão do submarino, em embalagens herméticas, além de todas as outras providências que indicavam uma viagem muito longa. Tudo diferente daquilo que era colocado a bordo numa das tantas missões de caça aos navios aliados que haviam realizado.

Quando todos os marinheiros já estavam a postos, surgiram mais cinco oficiais, sendo três alemães, com a farda completa, sem faltar o casaco de couro e as botas altas. Um deles era o conhecido general Ulrich Kessler, da Luftwaffe, além de um oficial de alta patente, especializado em energia nuclear, chamado Hans Schlider.

O susto culminou com a entrada de dois graduados oficiais japoneses, envergando reluzentes fardas e condecorações, mais as suas afiadas espadas de samurais modernos: comandantes Tomonagi e Michima, aliados dos alemães, embora nada à vontade dentre os colegas oficiais do III Reich.

Fora a tripulação, contavam-se doze passageiros no submarino, compondo um grupo muito acima do normal, que gira em torno de cinquenta tripulantes.

Logo no início da viagem, os nipônicos fizeram questão de exibir as suas elaboradas espadas de samurai, para o grupo de alemães embevecidos, que também queriam uma daquelas.

Aqueles oficiais nipônicos sabiam do que se tratava aquela quantidade de material que se destinava ao Japão, país que ainda estava em guerra, quando a Alemanha preparava a rendição, após a morte de Hitler.

1943

Durante o trajeto que tinha como objetivo percorrer 30 mil milhas, precisariam ficar submersos o tempo todo, porque os navios aliados agora reinavam absolutos no Oceano Atlântico, lançando grande quantidade de bombas de profundidade, que explodiam bem próximo ao casco da embarcação submersa. Não podiam emergir, para não correr o risco de ser interceptados com sua carga preciosa e insubstituível. Por isso, as profundidades atingidas pelo U-234 foram muito abaixo do permitido, com o casco rangendo e água vazando para dentro do submarino, em alguns pontos. A descida acentuada evitou que o submarino fosse atingido por uma mina, já que as explosões estavam calibradas para profundidades acima da atingida pelo U-234.

Esta não foi, positivamente, uma viagem para marinheiro de primeira viagem.

As centenas de caixas fechadas colocadas a bordo continham milhares de projetos detalhados dos últimos progressos tecnológicos dos mais importantes cientistas alemães, além de materiais e equipamentos desmontados de última geração, prontos para serem remontados no Japão.

Havia uma unidade do famoso avião Me 262, o primeiro caça a jato do mundo. Além de uma bomba voadora V2, a arma secreta alemã lançada da costa da França ocupada, sobre a cidade de Londres, e que causou respeitável destruição e grande estresse na população londrina.

Esses foguetes, do alemão Werner Von Braun, idealizador e coordenador do projeto e construção, eram o que havia de mais avançado na "era espacial", na qual russos e americanos concentravam esforços para chegar às conquistas pioneiras, como o lançamento do primeiro satélite artificial, o "Sputnik", que os russos lançaram em 1957, com outro grupo de cientistas alemães no comando.

Os americanos levaram Von Braun, logo após a derrota, para o seu país, onde ele comandou o projeto da chegada do homem à Lua, em 1969. Uma operação muito bem sucedida, embora com riscos de vida acima do razoável para os astronautas. Tudo em nome da Guerra Fria, que dominava o cenário mundial.

Quando o U-234 já seguia a meio caminho do Japão, o circuito de rádio de bordo transmitiu o discurso do almirante Doenitz, comandante da Marinha e sucessor do ditador alemão, ordenando a rendição de todos os submarinos, que deveriam emergir e se entregar aos Aliados.

Na reunião dos oficiais a bordo, para deliberar sobre o que fazer, os samurais japoneses recusaram a rendição, até porque a guerra no Pacífico ainda não tinha acabado para eles. E lembraram da tradição de que o comandante deve por a pique o próprio barco, e morrer junto com o navio afundado, para não sofrer a desonra da rendição.

Ao mesmo tempo, eles não queriam prejudicar os colegas alemães, que não estavam nada inclinados a ir ao fundo com o submarino e seus valiosos equipamentos. Por isso, com grande elegância e dignidade, os dois oficiais pediram licença, e se recolheram juntos à sua cabine. Fecharam a porta hermética, e mais tarde foram encontrados deitados em seus leitos, com expressão serena. Na mesa de cabeceira diversas fotos de suas famílias, e dois copos de água vazios. Suicidaram-se tomando veneno, que traziam em seu poder. Nas cartas que deixaram havia a despedida da família, e a certeza de que haviam cumprido o código de honra da Marinha japonesa. Deixaram instruções para que seus corpos fossem lançados ao mar.

O U-234 transmitiu a notícia de que estava se rendendo e dois destróieres se candidataram a ir buscar o submarino alemão, sendo provável que já soubessem de que se tratava de uma presa muito rara.

Um deles era canadense, o outro, americano. Os oficiais alemães só forneceram a posição exata para os americanos, informando coordenadas erradas para os canadenses.

Quando o navio de guerra americano ficou casco a casco com o submarino, começou o processo de captura da belonave alemã. Foi um susto quando saiu das entranhas do U-234 o conhecido general Kessler, todo paramentado, com as botas engraxadas, embora ainda sofrendo os efeitos da longa travessia submersa, sujeita aos infindáveis balanços, em todas as direções, aos odores do interior da embarcação hermética e ao excesso de lotação.

Maior surpresa ainda foi a abertura dos porões, contendo uma verdadeira "cesta de Natal" em equipamentos bélicos de última geração.

Mas o descarregamento só começou quando o submarino chegou a New Hampshire, numa base da Marinha dos Estados Unidos.

Havia uma carga inusitada de 560 quilos de óxido de urânio, embalada em tecido de linho de ouro, para ajudar na tentativa que os cientistas japoneses também faziam para desenvolver a bomba atômica, sendo que tinham pouca disponibilidade daquele metal, o que tornava muito difícil o avanço do projeto. Daí a remessa alemã, embora um tanto em cima da hora.

No primeiro momento o grupo de americanos suspeitou de que aquilo que constava da relação de materiais como urânio fosse dinamite, pronta a jogar pelos ares o U-234, com os americanos que estavam se apossando da embarcação.

Mais tarde, quando o submarino aportou em terra firme, os marinheiros e oficiais presentes perceberam que o material era mesmo urânio, quando o diretor do Projeto Manhattan, responsável pelo desenvolvimento da bomba atômica, Robert Oppenheimer, foi pessoalmente examinar o material tão necessário para os trabalhos ultrassecretos realizados nos laboratórios de Los Alamos, no Novo México. Ali o desenvolvimento da pesquisa e sua aplicação prática eram concomitantes, passando da mão dos cientistas direto para a construção e montagem daquela arma de destruição em massa.

Aqueles 560 quilos de óxido de urânio não eram suficientes para construir uma bomba, porque se transformam em apenas meio quilo de urânio 235, material necessário para atingir a massa crítica da fusão nuclear.

Mas era um reforço importante para o esforço americano, por isso foi logo enviado para o Novo México, e fez parte da carga de metal radiativo usado na primeira bomba atômica americana, lançada sobre Hiroshima pela Fortaleza Voadora B-29 chamada Enola Gay, que hoje se encontra em exibição no Smithsonian Institution, na capital americana.

Assim, aquela carga de urânio fabricado pelos alemães, destinada a ajudar o esforço de guerra dos Aliados japoneses, acabou utilizada pelos americanos para atacar, com a mais letal das armas, o próprio Japão, precipitando o fim da guerra, que só ocorreria com o lançamento da segunda bomba atômica, a de Nagazaki, a última que possuíam.

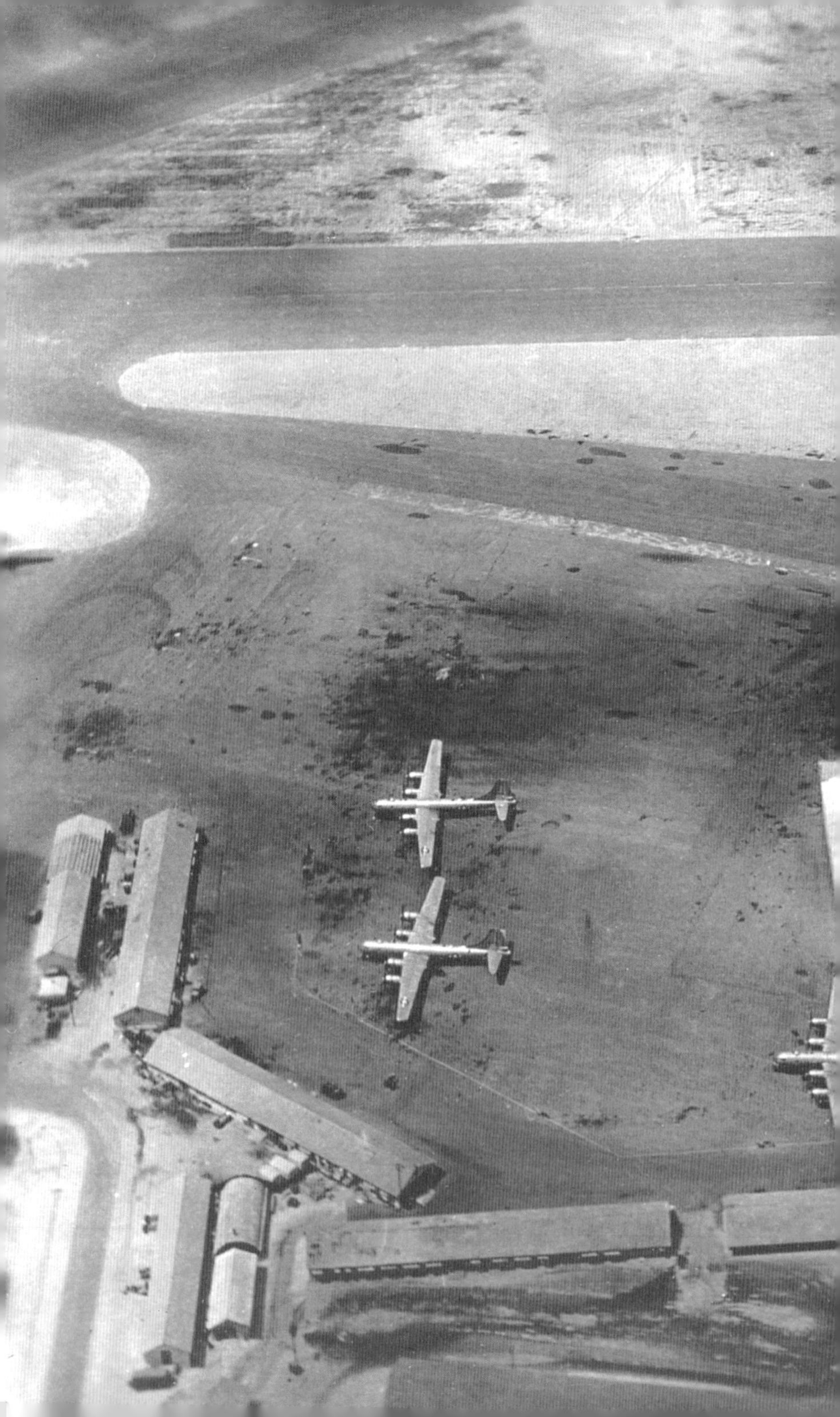

ESCALA OBRIGATÓRIA

A Base Aérea de Parnamirim, situada em Natal, também conhecida como "Trampolim da Vitória", era escala dos aviões americanos que vinham do Hemisfério Norte a caminho do Norte da África e do continente asiático. Sua importância pode ser medida pelo grande número de Fortalezas Voadoras B-17, reunidas no pátio de estacionamento militar. Trata-se de um mortífero e avançado equipamento, para a época. Na Segunda Guerra Mundial, esse modelo foi utilizado para aniquilar as cidades alemãs, com pesados ataques. O bombardeiro do tipo B-29, que jogou as bombas atômicas no Japão, também passou pela Base Aérea de Natal.

UM AVIÃO DE 40t

Para os habitantes locais dava para ver que alguma coisa inusitada estava acontecendo. Às 7h50 da manhã, amerissa um aparelho nunca visto pela população local, embora já acostumada com o rugido dos motores das aeronaves militares pousando e decolando do rio Potengi. Com muita pressa, uma lancha transporta Roosevelt e sua comitiva, até o USS Humboldt, sem passar pela recém inaugurada estação de passageiros da Panair do Brasil, onde se lê o nome da cidade: Natal.

ROOSEVELT INAUGURA O AIR FORCE ONE

O *Flying Clipper* da Pan American era um Boeing B-314, o maior, mais moderno e confortável avião de passageiros da época com 5 mil travessias oceânicas, à 300 km/h. Viajando nele, como *Air Force One*, de Casablanca até Natal, Roosevelt inaugurou a era dos presidentes americanos visitando países distantes. Numa época em que não havia aeroportos construídos em terra, a solução era pousar na água, com os hidroaviões. Em Parnamirim, Getúlio fez questão de chegar primeiro, "como deve acontecer com o anfitrião de um encontro", disse, reafirmando a soberania do Brasil sobre uma base comandada por norte-americanos.

LINHA REGULAR PARA O RIO DE JANEIRO

O B-314 fazia voos comerciais regulares de longa distância. Levava 74 passageiros e 11 tripulantes, e o percurso era coberto com o triplo das horas de voo dos aviões modernos. A cabine não era pressurizada, mas havia um salão de jantar com toalhas de linho e louças de porcelana. O aparelho tinha ar-condicionado e muito espaço de carga. Foi o avião pioneiro da Pan Am na rota de Nova York a Marselha, de São Francisco a Hong Kong. Antes da guerra houve uma linha regular de aviões de Miami ao Rio de Janeiro, batizados como Brazilian Clipper.

COMEMORAÇÃO A BORDO

Roosevelt estava leve e descontraído em sua viagem no *Air Force One*. O pessoal da Força Aérea americana caprichou na comemoração de seu 61º aniversário, a bordo do *Flying Clipper*. O civil é Harry Hopkins, amigo muito próximo do presidente e seu principal conselheiro em assuntos diplomáticos durante a guerra, e que já estava com ele desde o *New Deal*.

BIBLIOTECA DO CONGRESSO / EUA

COLABORAÇÃO ENTRE NAÇÕES ALIADAS

A colaboração entre Brasil e Estados Unidos foi total, embora o comando estivesse nas mãos dos norte-americanos, por sua capacidade de investimento, administração, fornecimento e operação de equipamentos militares. As maiores oportunidades de trabalho, para os habitantes de Natal, estavam em Parnamirim, onde o treinamento para tarefas específicas era dado na própria base. No final da guerra, a FAB incorporou 800 desses funcionários, muitos deles mecânicos de aviação.

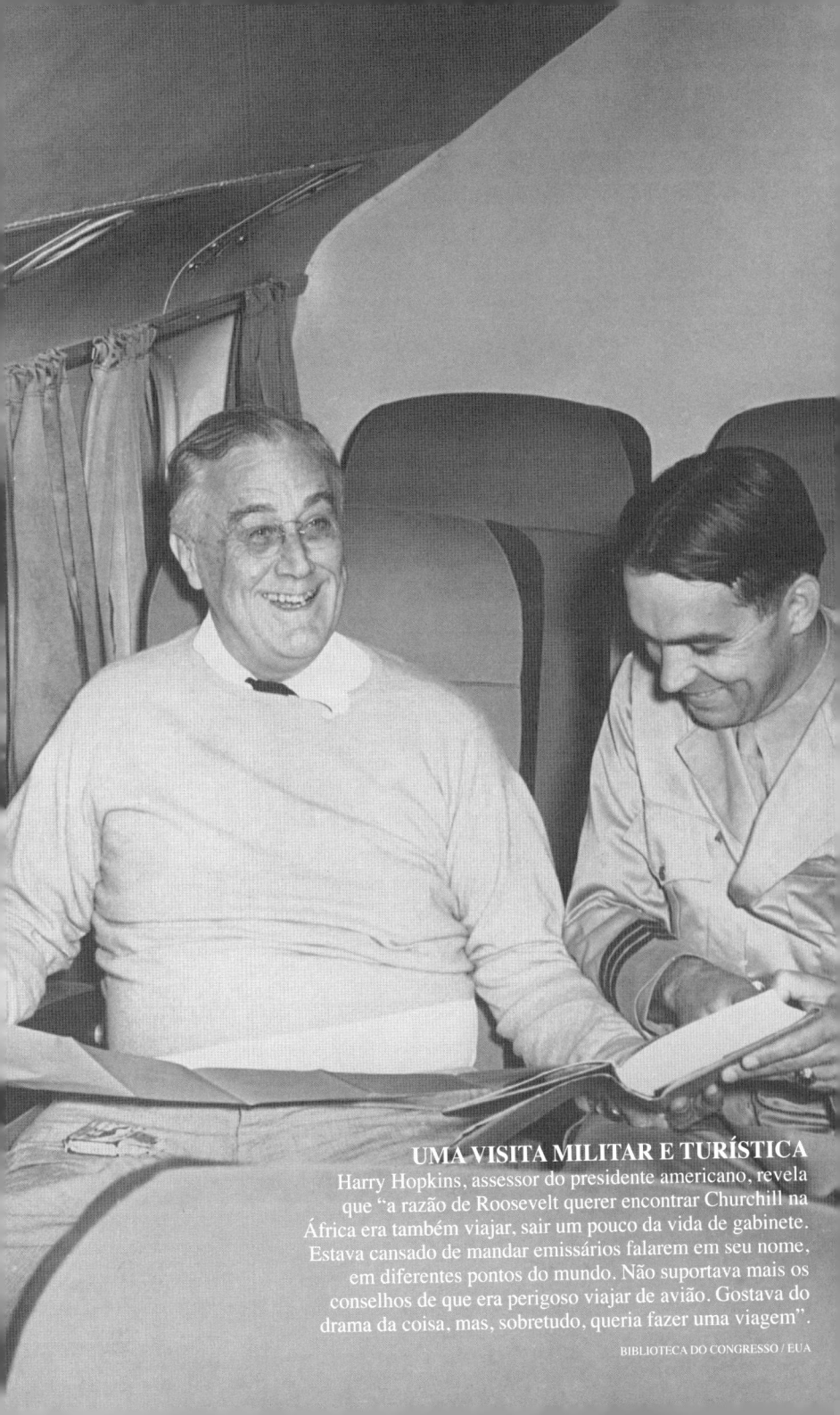

UMA VISITA MILITAR E TURÍSTICA
Harry Hopkins, assessor do presidente americano, revela que "a razão de Roosevelt querer encontrar Churchill na África era também viajar, sair um pouco da vida de gabinete. Estava cansado de mandar emissários falarem em seu nome, em diferentes pontos do mundo. Não suportava mais os conselhos de que era perigoso viajar de avião. Gostava do drama da coisa, mas, sobretudo, queria fazer uma viagem".

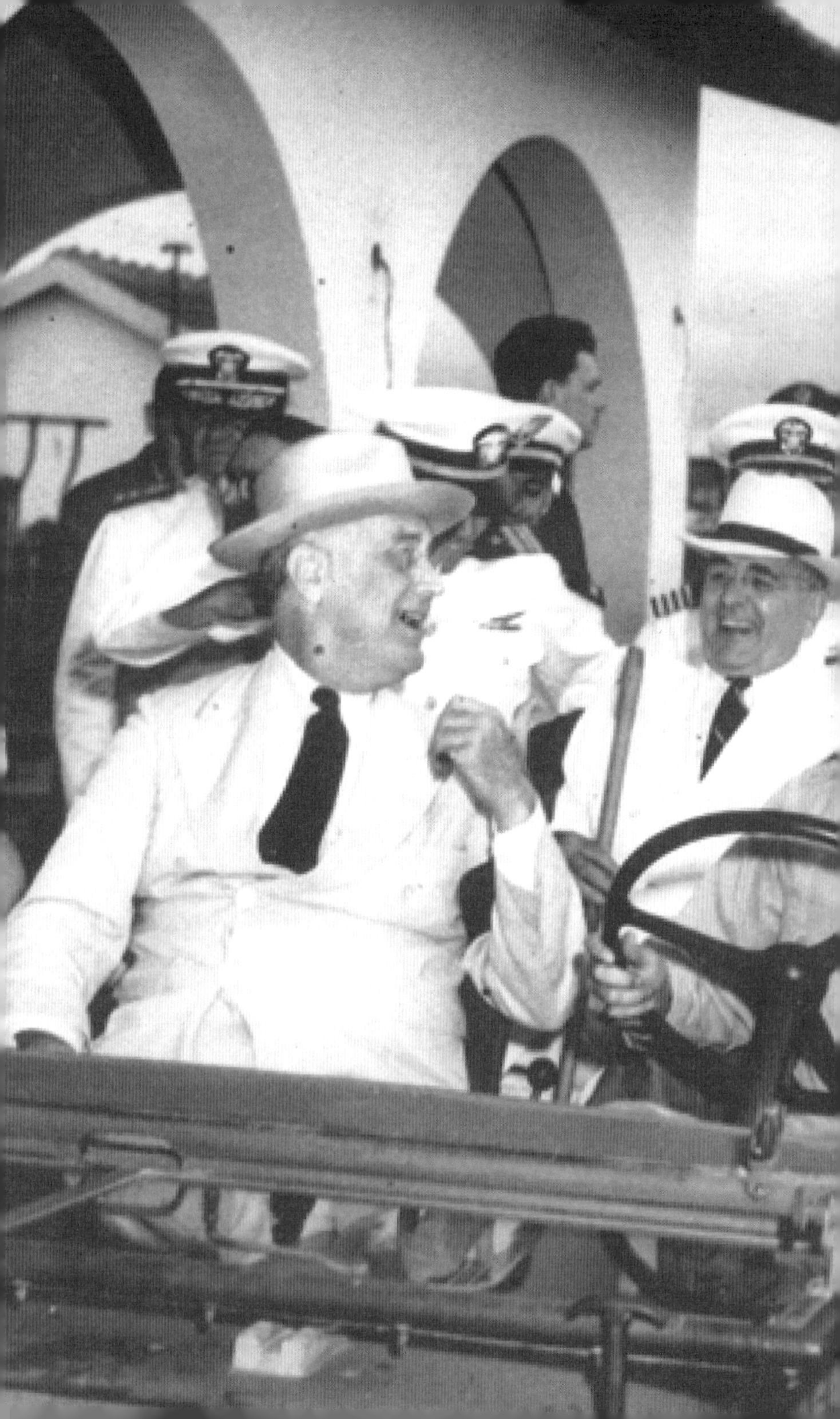

A GARGALHADA DE INGRAM

A foto do jipe, com os dois presidentes percorrendo as ruas de Natal até a Base Aérea de Parnamirim, correu o mundo. O oficial da Marinha que está no banco de trás é o almirante Ingram, comandante das bases americanas no Norte e Nordeste do Brasil. Sua gargalhada foi provocada por uma piada de Roosevelt, que perguntou se a suspensão aguentaria o peso do corpulento marujo.

FGV / CPDOC

TUDO ACONTECIA NESTE TERRAÇO

No Grande Hotel era onde tudo acontecia na cidade de Natal. No terraço eram discutidos os palpitantes assuntos da década de 1940, com destaque para a Segunda Guerra Mundial, na qual todos estavam envolvidos. No chamado "Hotel dos Americanos" estiveram hóspedes ilustres, como o ator Humphrey Bogart; Tommy Dorsey, o mais famoso regente de orquestra da época, e até o general Dwight Eisenhower, comandante das forças aliadas na Segunda Guerra Mundial, e futuro presidente dos Estados Unidos.

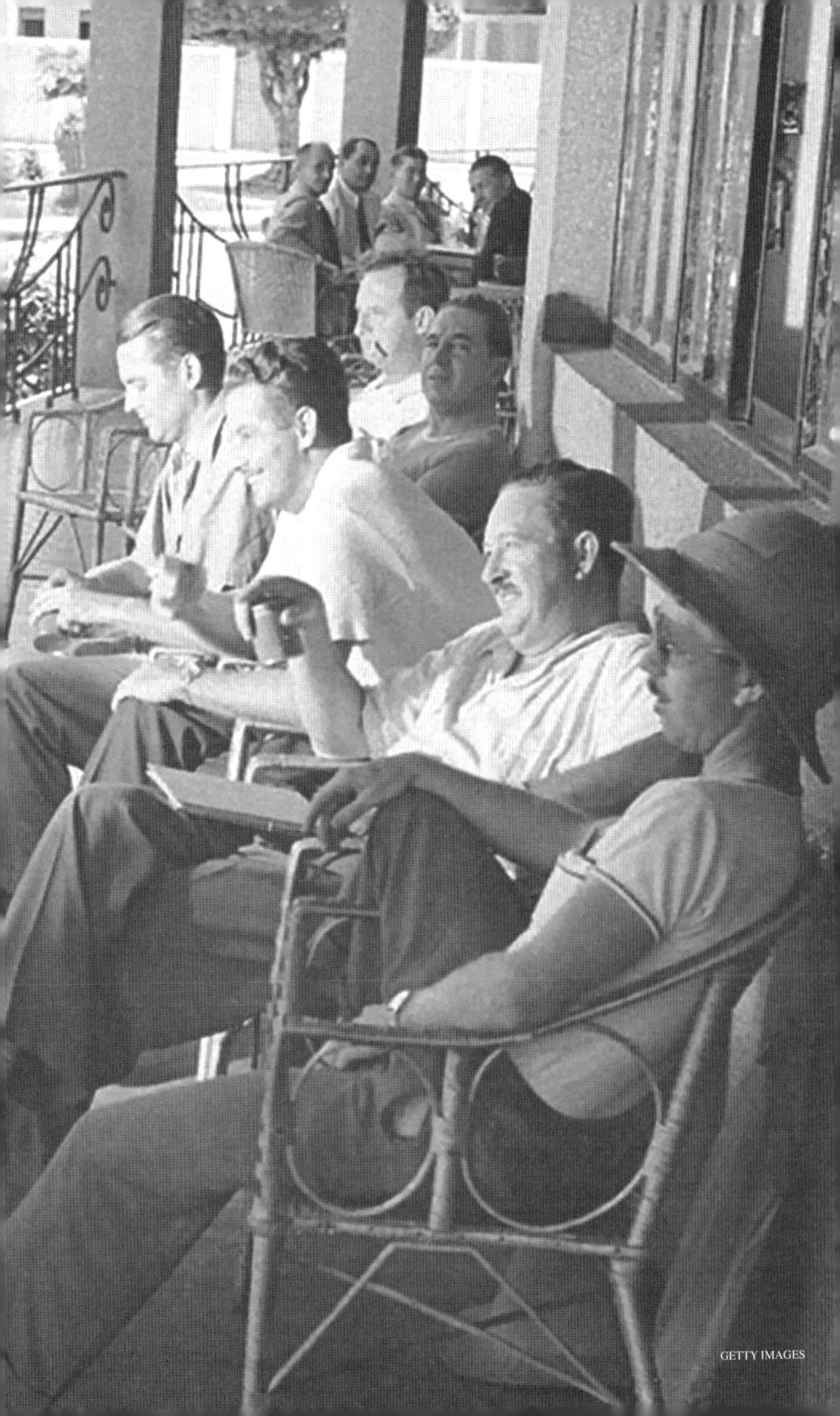

GETTY IMAGES

CONFRATERNIZAÇÃO USA/BRAZIL

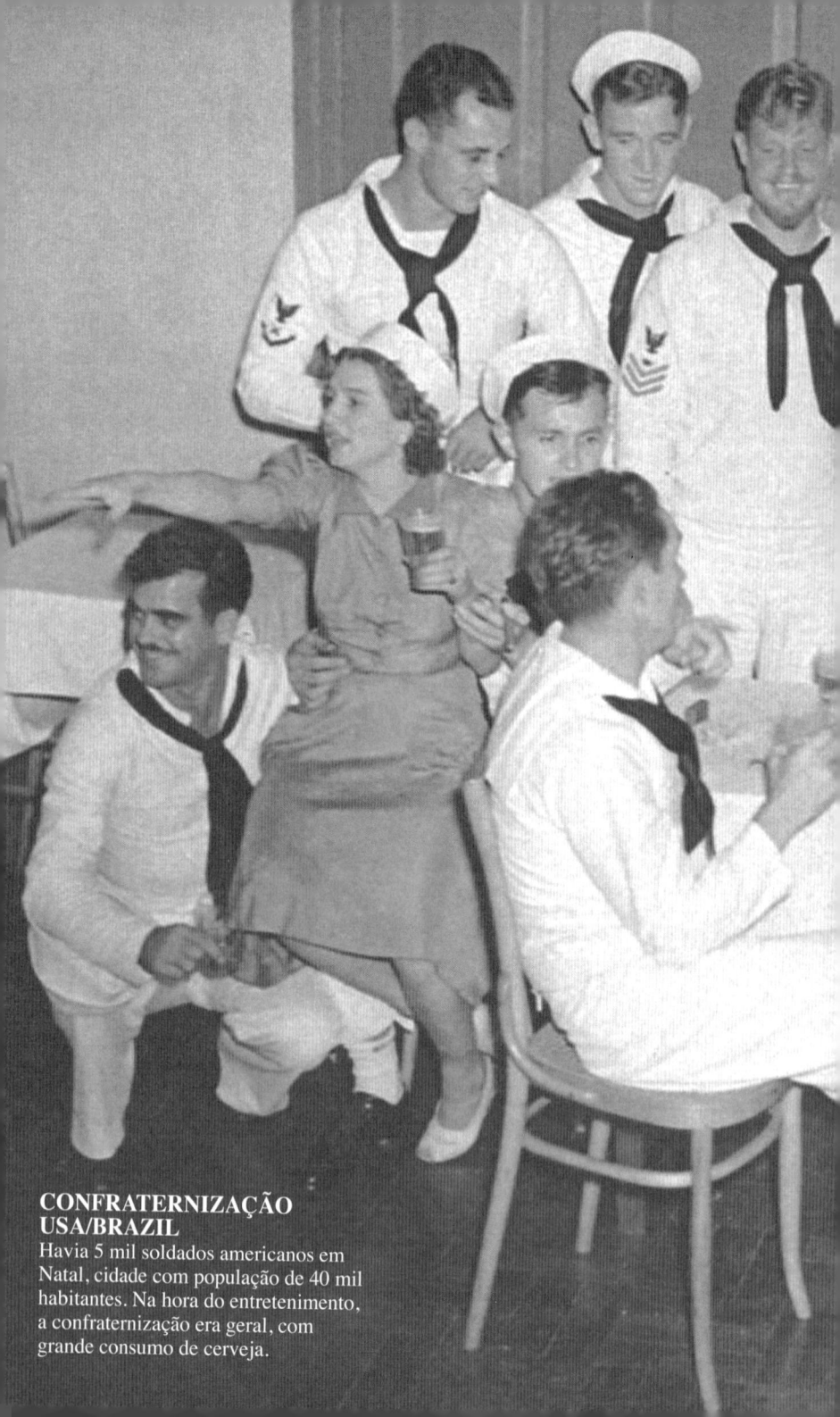

Havia 5 mil soldados americanos em Natal, cidade com população de 40 mil habitantes. Na hora do entretenimento, a confraternização era geral, com grande consumo de cerveja.

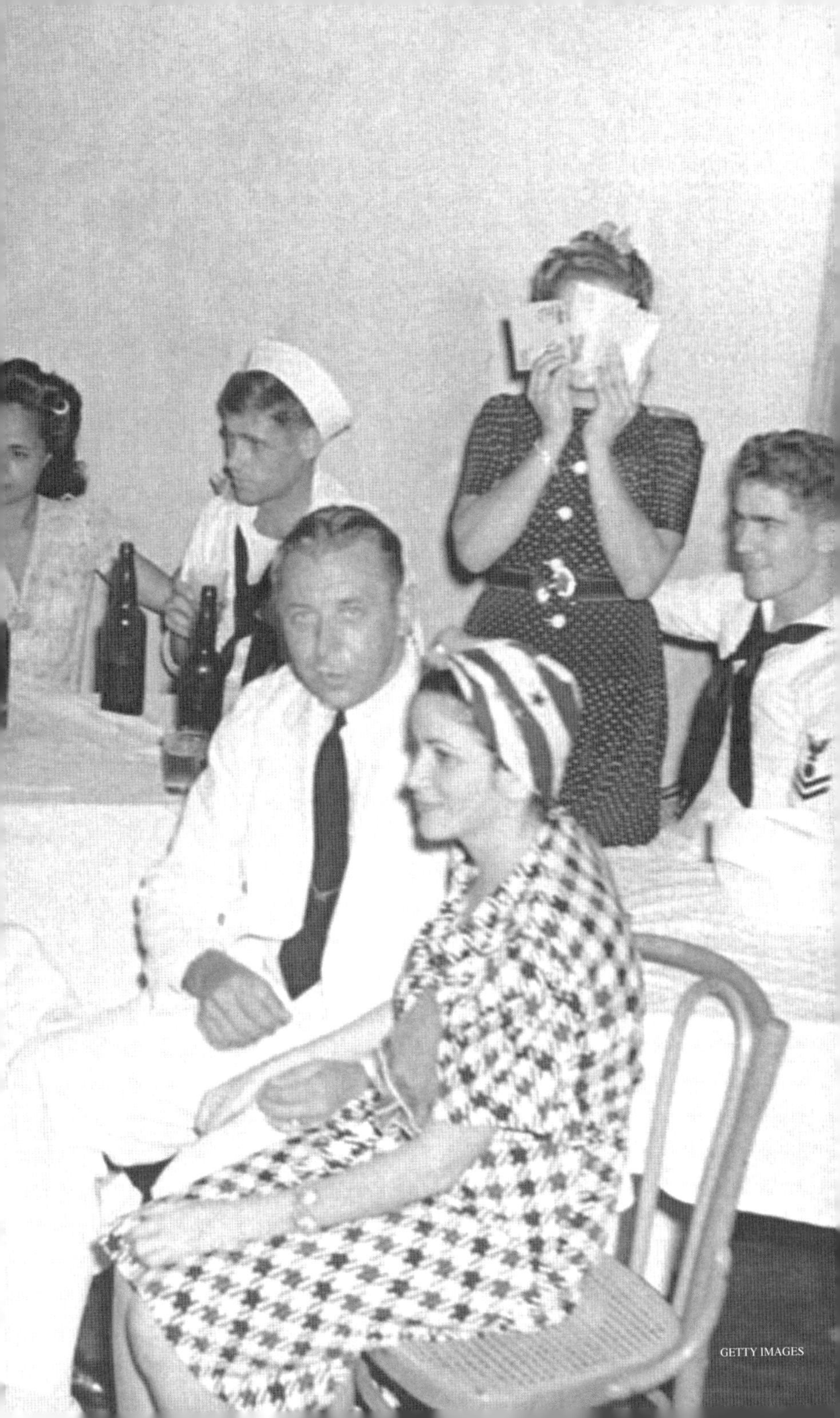

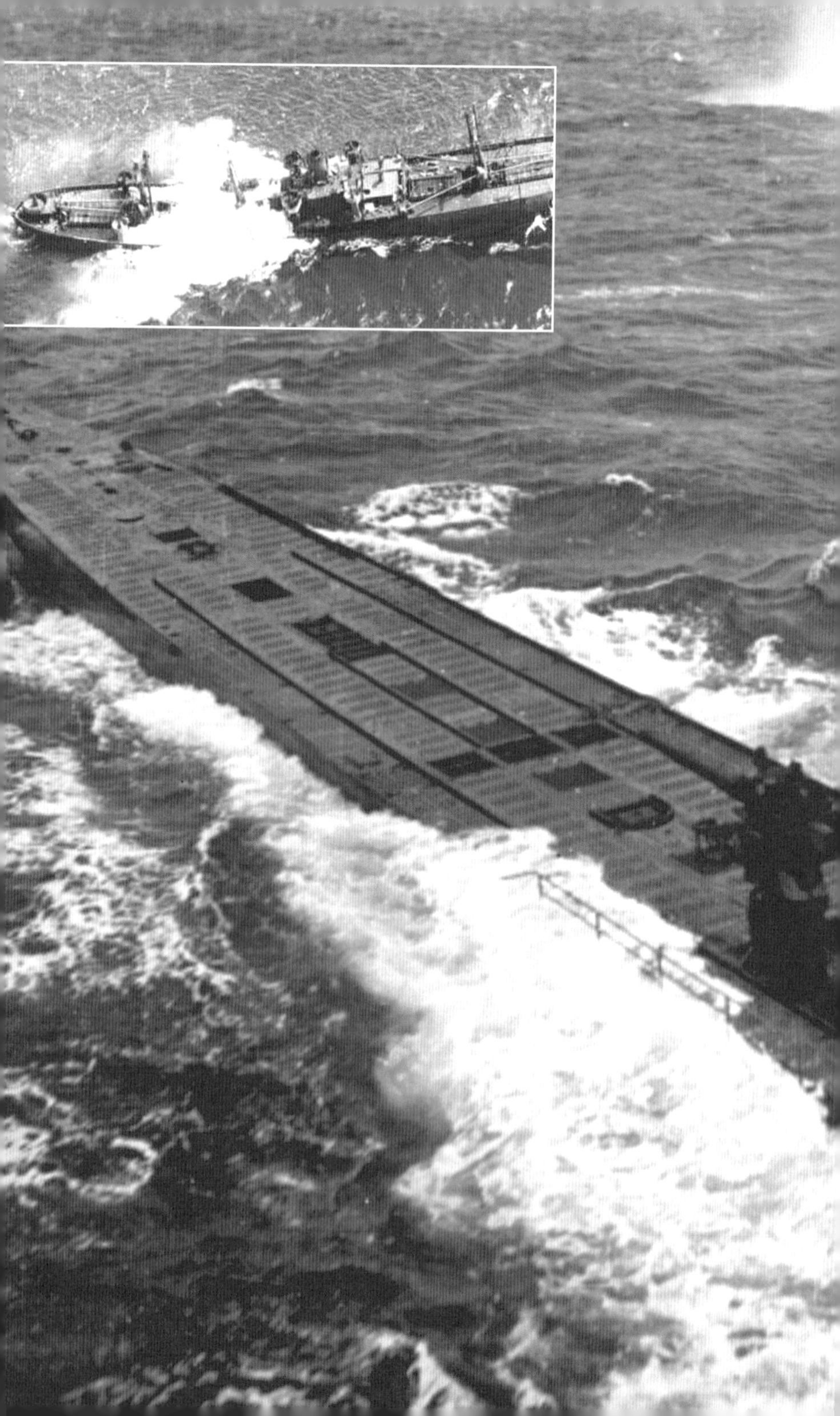

REGISTRO HISTÓRICO
Cena dramática de combate real nas costas do Brasil, em região próxima a Natal. Da base de Parnamirim saíram os aviões que puseram a pique o submarino alemão, que por sua vez tinha afundado um cargueiro que rumava para a Europa. A imagem é de um tripulante da Força Aérea americana encarregado de fotografar os combates.

Depoimentos sobre Parnamirim

Os DEPOIMENTOS PRESTADOS pelos soldados americanos que estiveram na base de Natal (Parnamirim *Field*) são semelhantes entre si e muito próximos do que disseram os cidadãos locais que, algum tempo atrás, ainda guardavam lembranças dos acontecimentos de 1943. Os testemunhos dos moradores de Natal foram registrados num vídeo feito por Fred Nicolau, paulista que dirige a Fundação Rampa, e que se dedica em tempo integral ao assunto.

O pessoal alistado no Exército e na Marinha dos Estados Unidos vinha para o sul do continente num navio do tipo Liberty, produzido em série na época, e que fazia o abastecimento de munição de boca para os necessitados ingleses, embora uma boa percentagem deles tenha sido afundada por submarinos alemães.

Em relação ao pessoal que viajava para o Brasil, uma cláusula insólita e embaraçosa foi revelada num livro do autor norte-americano Clyde Smith Jr., chamado *Trampolim da Vitória*:

"O general Wash garantiu às autoridades brasileiras, atendendo a pedido, que não traria soldados negros para o Nordeste do Brasil. Uma meia dúzia de razões foram dadas para a proibição, e esses argumentos foram considerados pertinentes, tanto que não vieram

1943

mesmo soldados negros para as bases situadas nas costas do Brasil".

Era frequente que aqueles que viajavam para o Brasil tivessem o primeiro contato com um ataque de *U-Boat* alemão, embora a frota de navios transportando militares fosse sempre escoltada por destróieres americanos.

Se o torpedo acertasse, era o inferno. E a sensação dos militares confinados no porão do navio não era nada agradável quando os alarmes soavam, e os tripulantes percebiam que o disparo tinha passado perto, pelo corre-corre lá em cima. Pior é que eles não podiam subir ao convés, mesmo na hora do aperto. Ficavam no seu espaço abafado, dormindo em redes presas a ganchos fixados na estrutura do navio, em até quadro camadas superpostas.

Os 5 mil soldados que vieram para o Brasil não tinham ideia de onde aportariam, na África ou na América do Sul. Acabaram informados de que a cidade de seu destino era Natal, o ponto mais próximo da América do Sul, em relação à África.

A travessia aérea naquela área geográfica de condições meteorológicas quase sempre favoráveis viabilizava a chegada ao continente africano, apesar da limitada autonomia de alguns dos aviões da época.

Havia ainda a possibilidade de fazer uma escala na ilha de Ascensão, de domínio inglês. Nesse caso era viável até mesmo a travessia por monomotores, com tanques extras.

O pavor dos tripulantes era o de não encontrar a pequena ilha rochosa isolada no oceano. Para evitar erros, eles refaziam várias vezes as suas leituras da altura das estrelas pelo sextante, num tempo em que o GPS ainda estava bem distante.

Mesmo assim, muitas tripulações procuravam garantir menor peso da carga no avião, para ganhar em autonomia.

Para isso livravam-se, contrariando os regulamentos, logo antes de iniciar a decolagem, de todos os armamentos do avião, e respectivas munições, para ficar mais leves, ganhar um pouco mais de combustível, e diminuir o risco de se perder, com maior autonomia na chegada. Cabia aos soldados americanos de plantão na base aérea a tarefa de recolher os armamentos deixados na beira da pista.

O número de tripulantes vítimas de acidentes em Parnamirim, ou arredores, chegou a cinquenta homens.

Um fato trágico e inusitado ocorreu num exercício conjunto das forças aéreas dos dois países, com o submarino brasileiro Timbira servindo de alvo. Para treinar a pontaria, as "bombas" eram recipientes carregados com água. Ao comemorar o final do exercício de adestramento, um capitão de corveta que estava no convés de um submarino foi atingido na cabeça por uma bomba de água, lançada de um avião da FAB num rasante, sem que o piloto se desse conta de que ainda tinha preso sob a asa um daqueles projéteis "inofensivos".

Caso pitoresco foi a história de um pescador que "fisgou" a cauda de um B-24, em perfeito estado, que havia feito um pouso forçado no mar, em trecho raso.

Era muito difícil acertar um submarino flutuando, como fora provado diversas vezes por ataques de americanos e brasileiros contra embarcações inimigas, pela pouca superfície de um submarino exposta ao ataque.

Como aconteceu com os submarinos italianos, Barbarigo e Capellini. Foram atacados por um avião sob o comando de um capitão da FAB, mas saíram sem danos.

Com tudo isso, a população de Natal já se acostumara a viver cercada de aeronaves. Os voos que saíam da base aérea chegavam aos aeroportos mais próximos da costa da

África, mas depois podiam seguir costa acima, até a Europa, ou mesmo à Ásia.

As super-fortalezas voadoras B-29, do tipo que jogou as bombas atômicas no Japão, também eram conhecidas em Parnamirim, quando iam para o teatro de guerra do Pacífico, ou regressavam da Ásia e da Índia.

Com todo esse movimento, as barracas para militares em trânsito e tripulações dos aviões podiam abrigar 6 mil pessoas, número maior que a guarnição fixa local.

Somente a parte logística da operação da base aérea totalizou durante a guerra 2,4 mil caminhões e jipes grandes, com manutenção 24 horas.

Quando os mantimentos em Natal ficavam escassos, os militares americanos se arriscavam a atolar na areia, mesmo nos jipões, no precário caminho até Fortaleza, em busca de alimentos para aquela população que não parava de crescer.

O aeroporto de Natal foi o mais movimentado do mundo no ano de 1944, com um avião em pouso, ou decolagem, a cada quatro minutos, dia e noite, o que deixava orgulhosos os responsáveis pela operação, numa inédita concentração de aviões no Hemisfério Sul, maior, individualmente, do que qualquer aeroporto norte-americano ou europeu da época.

A utilização inicial de Parnamirim, ainda uma base incipiente, era feita por linhas francesas como a Aero Postale (Air France), até a invasão do país na Segunda Guerra Mundial, companhias aéreas alemãs do Sindicato Condor (Lufthansa) e italianas, da Lati (Linnee Aeree Transcontinental Italiane). Esta última empresa aérea, que trabalhava no Brasil para o governo fascista, tinha como diretor de operações o filho do presidente da República, Maneco Vargas, numa ação explícita de relações públicas internacionais e de atração diplomática.

Itália e Alemanha usavam suas linhas aéreas para contrabando, propaganda e espionagem entre a Europa e a América do Sul.

Coube aos americanos fazer pressão para que as autoridades brasileiras cassassem a autorização de operação das bases dessas nações inimigas. A responsabilidade de construir ou habilitar bases aéreas no litoral brasileiro passou aos americanos, cobrindo, além de Natal, Fortaleza, São Luiz, Belém e Macapá, entre outras. Para isso eles usaram a Pan American Airways de fachada, assim como faziam os países do Eixo, que escondiam seus atos de espionagem por meio de companhias aéreas comerciais de seus países, pretexto para permanecer na região.

Até que o Brasil se juntou aos Aliados e declarou guerra à Alemanha e Itália.

Liberdade de expressão não era assunto em voga na época da guerra. Toda a correspondência enviada pelos soldados era censurada. Quando a mulher de um soldado recebia uma carta do marido alistado, era frequente que o papel tivesse rasgos irregulares cortados a gilete, de onde tinham sido eliminados pela censura os parágrafos comprometedores para a segurança, segundo os comandantes.

Os cuidados eram exagerados. Não era permitido, por exemplo, citar palmeiras avistadas, ou coqueiros, para não passar uma pista, aos alemães, da região de onde saíam as cartas rumo aos Estados Unidos.

O calor de Natal (5°50'S) deixava os norte-americanos em estado de choque se não houvesse brisa. Eles nunca tinham visto um asfalto quente o suficiente para fritar um ovo numa frigideira, o que podia acontecer naquelas condições.

Certa vez, com as altas temperaturas do verão, ficaram em pânico com uma gosma que saía da cabeça de um torpedo estocado na base, embora tenha sido apenas uma ameaça, sem explosão.

Causou sensação na base aérea a descoberta de dois oficiais alemães transmitindo notícias para a Alemanha sobre o movimento de navios e seus respectivos rumos. Por meio de uma denúncia anônima, os soldados americanos subiram o morro que dá no cemitério da cidade, derrubaram o portão com o jipão e prenderam os espiões. Eles foram enviados aos Estados Unidos como prisioneiros de guerra, já que os americanos é que comandavam Parnamirim.

Esses espiões devem ter vindo de submarino, chegando à terra em barco inflável.

Após meses sem sair do ar viciado daquela máquina de guerra, os alemães se arriscavam a tudo para tomar uma água fresca, ou comer frutas tropicais, em alguma praia do Nordeste. Há testemunhos de desembarque de submarinos em praias brasileiras, do Nordeste até Santa Catarina, passando pelos estados de Rio de Janeiro e São Paulo.

Episódio trazido de Trinidad, na América Central, revela que até em busca de entretenimento havia tripulantes de submarinos que se arriscavam a desembarcar.

Foi o caso de um submergível capturado pelos americanos e forçado a atracar em Port of Spain: nos bolsos de alguns dos tripulantes revistados foram encontrados bilhetes de cinema da cidade, onde eles haviam assistido a um filme na noite anterior, desembarcando em trajes civis, de um bote de borracha do submarino.

Na Nova Zelândia, um marinheiro alemão foi até a praia em seu bote inflável ao avistar uma vaca a pastar num campo próximo ao litoral. Resoluto, seguiu na direção do animal, sem pensar em mais nada além do leite quente tirado na hora, para amenizar o permanente gosto de azinhavre na boca, quando as provisões frescas já estavam esgotadas, depois de tanto tempo fechado naquela mortífera máquina submarina.

As distâncias percorridas por essas embarcações eram enormes, e os cinquenta tripulantes chegavam a ficar meses trancados naquelas latas de sardinha, sem retornar às bases.

A presença alemã também era sentida por meio dos equipamentos comprados da Alemanha pelo Brasil, da época em que o presidente Vargas simpatizava com os nazistas: um dos soldados encarregados da manutenção de veículos militares recebeu tanques do Exército brasileiro, para colocar em ordem. Descobriu, surpreso, que as esteiras dos tanques eram importadas da Alemanha, país que o Brasil namorou bastante, antes de tomar o partido dos americanos.

Até acontecer a opção pelos Aliados, o Exército brasileiro chegou a adotar normas e estratégias germânicas no treinamento de seus soldados.

Só não chegou ao gesto extremo de adotar o "passo de ganso" nos desfiles militares, como aconteceu com os exércitos do Chile e da Bolívia.

As horas de tédio em Natal, entre uma missão e outra, eram preenchidas por cinema ao ar livre, com os sucessos mais recentes de Hollywood, e a visita em carne e osso de artistas célebres, que encantavam as tropas. E de orquestras consagradas como a de Tommy Dorsey.

O general Eisenhower, comandante-em-chefe dos exércitos aliados, esteve em Natal.

Ficavam todos no Grande Hotel, ou "hotel dos americanos", novo em folha, que tinha até um grupo musical permanente que se apresentava na hora das refeições.

O prédio hoje virou uma repartição pública federal, da área da Justiça, que trata de pequenas causas, sem pontos de referência históricos de sua época de glória.

Um fato pitoresco aconteceu com Humphrey Bogart, prestigioso ator de cinema da época, casado com a loura de cabelos longos chamada Lauren Bacall, também atriz, com quem trabalhou em alguns filmes.

Ao chegar a Natal, com a missão de elevar o moral da tropa, Bogart, como pessoa influente, sob o pretexto de prestar serviço, conseguiu embarcar numa lancha da Panair utilizada para socorrer tripulações que tinham sobrevivido à queda de seu avião no mar. Levou uma namorada chamada Margot. Na primeira saída no barco, o ator norte-americano ficou uma semana procurando sobreviventes. Não encontrou nenhum. Voltou são e salvo, com Margot.

Nas mesmas circunstâncias, Roberto Hallais, militar do Exército que seguiu para Natal como voluntário, salvou a vida de um piloto americano que havia caído no mar.

Em relação às garotas brasileiras da cidade, a queixa dos soldados americanos é de que elas tinham inseparáveis "chaperons", em geral uma tia que ficava na marcação do casal, sem tirar os olhos, o tempo todo.

No retorno dos americanos, ao final da guerra, foram poucas as jovens casadoiras de Natal que se mudaram para os Estados Unidos.

Mas há um registro, com nome e sobrenome, de uma moça da sociedade local, que se casou com um militar americano, católico, na igreja de Saint Patrick, em Nova York: Estela Cavalcanti. E também do casamento de Fernando de Mendonça, da Força Aérea, com a Segunda-Tenente norte-americana, enfermeira Telma Thamlyn.

Os americanos eram advertidos a respeitar o tabu brasileiro da virgindade. Mesmo assim foram gerados em Natal alguns bebês de olhos azuis.

Trajetória de Getúlio

ENQUANTO ESPERAVA POR ROOSEVELT, a bordo do navio de guerra americano Jouett, Getúlio vivia um momento de incongruência política. Naquele encontro, o representante do regime democrático mais poderoso e influente do mundo – eleito três vezes pelo povo americano –, a partir da vitória que se aproximava contra o nazi-fascismo, trocava ideias com um ditador latino-americano, no poder desde 1930, quando tomou a presidência da República, após ser derrotado em eleição pelo paulista Julio Prestes.

Foi o período da República Nova, de 1930 a 1937, que não foi tão nova assim, conforme os historiadores Adriana Lopez e Carlos Guilherme Mota, em seu livro *História do Brasil, uma Interpretação,* embora tivessem sido feito mudanças nas relações trabalhistas, no sistema educacional e nas indústrias de base.

A partir da ditadura do Estado Novo, em 1937, Vargas faz um jogo político que se alterna entre conservadores e progressistas, acabando por ficar ao lado dos primeiros.

Da mesma forma, tendo de enfrentar a realidade de uma guerra mundial, para a qual o Brasil não estava preparado, realizou uma política semelhante, agora em nível internacional, entre Aliados e nazi-fascistas.

Caso a vitória no Norte da África fosse alcançada pelos

alemães, a invasão de Natal a partir de Dacar seria uma possibilidade. Mesmo que Getúlio optasse pelo Eixo, não havia como pensar num acordo com os alemães, haja vista o que aconteceu na invasão da União Soviética, em que Hitler ignorou um tratado de paz assinado com o país, alegando que romper com o tratado "nada mais era do que rasgar uma folha de papel". Ato contínuo, invadiu o país.

Quando Hitler entrou em Paris, em 14 de junho de 1940, Getúlio saudou o início de uma nova era. Foi sua última manifestação pública a favor do nazismo.

No panorama local, a democracia liberal das oligarquias, com apurações nada confiáveis que punham em dúvida o resultado das eleições, foi substituída pelo regime corporativista, de inspiração fascista, a partir do ambiente político criado pelo Estado Novo, sendo que o Código Eleitoral só foi implantado em 1933.

Mesmo assim, a opção pelos americanos era a posição natural para um país que fazia parte das Américas, e que se não fosse assumida pelo Brasil poderia vir a ser adotada como medida unilateral, pelos norte-americanos premidos pelas ameaças que surgiam no conflito em andamento. No esforço de guerra estava concentrada toda a capacidade de produção norte-americana, começando a afastar os sinais negativos da crise econômica iniciada em 1929.

Em 1937, as eleições foram suspensas no Brasil e o Congresso fechado, cabendo o governo e todo o poder a um único homem, Getúlio.

Oswaldo Aranha, homem de inteira confiança do presidente brasileiro e seu companheiro de primeira hora, era o embaixador do Brasil nos Estados Unidos.

Tinha a intimidade de velho amigo, nas cartas dirigidas a Getúlio, à medida que as notícias chegavam do

Brasil. Defendia de forma intransigente uma posição pró-americana, e democrática, pesando nas decisões do presidente brasileiro.

É interessante prestar atenção no teor de outras cartas de Oswaldo Aranha para Getúlio, adequadas ao momento que o presidente vivia, a partir de sua posição privilegiada de observador situado em Washington.

Suas posições pró-democracia, diretamente dos Estados Unidos mesmo ao destacar o poderio alemão, devem ter influenciado Getúlio a respeito do lado em que o Brasil deveria ficar na guerra, enquanto lidava também com militares brasileiros do alto escalão pró-Alemanha.

As preocupações de Aranha, ao enxergar o quadro brasileiro lá de longe, são de várias naturezas, como ele escreve a Getúlio:

"Todo meu esforço tem que ser para esclarecer esta multidão de jornais e revistas, procurando modificar o ambiente criado em torno da tua pessoa e dos acontecimentos."

"A suspensão de remessas e de pagamentos da dívida externa somou-se ao mal-estar, e favoreceu as más interpretações e explorações em torno dos objetivos políticos."

Em plena crise iniciada em 1929, e que continuava com força em 1930, a queda do preço do café – na prática uma monocultura brasileira – foi brutal, e a situação social tornava-se muito grave, com 2 milhões de desempregados, obrigando o governo a decretar a moratória unilateral, com a dívida externa fora de controle.

Começou a bizarra política de valorização do café, com incineração do produto em larga escala, para tentar elevar os preços, sendo que o Conselho Nacional do Café, órgão federal, ordenou a queima de milhões de sacas em estoque,

1943

e a proibição do plantio do principal – e quase único – produto de exportação do Brasil, capaz de trazer as tão necessárias divisas em moeda forte.

Em 1944 foram queimadas pelo governo a enormidade de 78 milhões de sacas, quase três vezes a produção atual do Brasil. A consequente redução dos salários nas fazendas provocou o êxodo rural para as cidades, onde os empregados nas indústrias também tiveram seus salários reduzidos, ou eram despedidos, caso não aceitassem a redução.

O liberalismo econômico foi abandonado, e o Estado passou a intervir na vida dos cidadãos, até mesmo nos assuntos particulares. Segundo o antropólogo Darcy Ribeiro, "Getúlio era de fato o órgão central de planejamento econômico do governo".

A partir daí, o Estado estimulou a industrialização, com a implantação da primeira usina siderúrgica, em Volta Redonda/RJ, embora o Estado do Rio não tivesse minério de ferro, nem carvão, mas fosse dirigido pelo genro de Getúlio, casado com sua filha Alzira, o interventor nomeado pelo presidente Hernani do Amaral Peixoto.

Aos trabalhadores foi oferecida a instituição do salário mínimo e a regulamentação da legislação social, vigente até os dias de hoje, com base na Carta do Trabalho, inspirada na legislação corporativista de Benito Mussolini.

A imprensa era censurada pelo DIP – Departamento de Imprensa e Propaganda, e os jornalistas eram isentos do Imposto de Renda, e tinham 50% de desconto nas passagens aéreas.

Foi o ditador italiano que formulou a teoria do estado totalitário, antiliberal e antidemocrático, que tinha todos os direitos, e no qual tudo estaria submetido à autoridade do Estado, com a ditadura exercida pela burguesia, com suas corporações profissionais e setoriais.

Getúlio, com seu governo consolidado, e um poder absoluto em suas mãos, via as ditaduras da Europa dominarem as democracias dos países vizinhos, com grande superioridade em equipamentos e táticas de guerra.

Não era de estranhar que o ditador brasileiro olhasse com simpatia para os sistemas de governo totalitários. Parecia lógico que se esses governos saíssem da guerra vencedores, teriam afinidades com o seu regime.

Por outro lado, com a vitória da democracia, ficou impraticável a manutenção de um governo ditatorial, mesmo com o envio de 25 mil soldados da Força Expedicionária Brasileira (FEB) e duas esquadrilhas da Força Aérea Brasileira (FAB) para lutar na Itália, ao lado dos americanos, um exemplo único na América do Sul.

Getúlio caiu em 1945, embora tivesse voltado à presidência em eleições diretas em 1950, mandato que terminou antes da hora, com o seu suicídio, em 1954.

O Estado Novo pregava o contrário da luta de classes do marxismo, com a união dos trabalhadores e capitalistas, sob o comando e a vigilância do Estado.

O primeiro sindicato operário, nestes termos, é de 1931. Enredado nas malhas do Estado, era controlado por meio de um sindicalismo de "pelegos", e de uma política corporativista. As assembleias sindicais permitiam a presença de fiscais do governo.

No Brasil, os sindicatos e organizações de trabalhadores ficaram ligados ao Estado, sob a condução do próprio Getúlio, chamado de "o pai dos pobres", a partir da adoção de um código de trabalho que assegurava o seguro social, salário mínimo e férias anuais a todos os trabalhadores, e a adoção do regime de oito horas de trabalho.

1943

    Uma indispensável legislação, numa época em que o trabalhador não tinha direitos, com trabalho obrigatório aos sábados e, em alguns casos, até nos domingos pela manhã. As crianças também não contavam com a efetiva proteção do Estado.

    O regime sindicalista do Brasil, atrelado ao governo, perdura até hoje, apesar de o ex-presidente Lula ter se declarado contrário a ele, logo no início de sua carreira política, até porque tinha certeza de que seu sindicato sobreviveria sem a ajuda chapa branca. Não obstante, manteve-o inalterado, em oito anos de governo, mirando os ganhos políticos, apesar do custo elevado para o governo.

    Uma irregularidade, dentre várias que atingiram alguns ministérios nos últimos anos, diz respeito ao licenciamento de novos sindicatos, representando pequenos grupos sem expressão, interessados apenas na verba governamental.

    Nos Estados Unidos, a entrada no sindicato é opcional. No Brasil, todos os empregados com carteira assinada devem colaborar de forma compulsória para a sua manutenção, com o salário de um dia de trabalho por ano. São sindicatos que não existiriam se tivessem que batalhar para conquistar trabalhadores cujas contribuições fossem voluntárias.

    Vindas de Washington, as opiniões de um apreensivo Oswaldo Aranha seguiam analisando a situação brasileira, a partir das primeiras medidas econômicas adotadas:

    "Há mais de 250 mil possuidores de títulos brasileiros, alarmados com essas medidas."

    "Houve, Getúlio, falta de oportunidade e até contradição nas primeiras medidas econômicas e financeiras que tomaste. Umas eram liberais, como a do café e do câmbio, outra comunista, como a das dívidas, outras fascistas, como a de uma organização cooperativa da produção, e outras nacionalistas, quase xenófobas, como a dos bancos, seguros, minas, etc."

Durante sete anos, no Estado Novo, Getúlio governou em estado de emergência, balançando entre a esquerda e a direita, sem que seus atos fossem julgados por qualquer poder.

Oswaldo Aranha seguia mandando cartas que ficavam entre a indignação e a ironia:

"Vou conversar contigo como amigo, porque já sei que, de acordo com a nova constituição, ou 'se crê ou se morre'".

De fato, o Estado Novo foi uma imitação do regime fascista italiano, mas com a mentalidade dos coronéis dos setores dominantes. Mesmo assim, Aranha mantinha firmeza em suas convicções, na época do encontro:

"Minha impressão é a de que o Governo americano procurará aproximar-se do Brasil, porque nosso país é, e terá de ser, o ponto mais seguro e fiel à política do *good neighbor*. Sem o Brasil, nada podem os Estados Unidos fazer na América."

"Embora surpreendido por teu golpe de estado, ferido em seus sentimentos democráticos, e vendo-se cercado por ditaduras, o governo Roosevelt vai fazer esforços em torno de conservar a amizade brasileira."

Em 1940, o governo Vargas recebeu um empréstimo de 20 milhões de dólares, para construir a usina de Volta Redonda, fabricada como exceção à determinação da produção apenas de material bélico, na guerra, quando foi interrompida até mesmo a fabricação de automóveis, retomada em 1946.

A Ford, à falta de poder vender veículos, criou uma campanha que se tornou clássica, "Há um Ford em seu futuro", ao perceber que só seria possível fabricar e vender carros de novo a partir de 1946, quando as fábricas se readaptaram para a produção civil.

No Brasil, o Estado assumia o papel de principal investidor em empreendimentos de vulto. Até então limitara-se a fornecer créditos aos industriais. Esse processo de estatização teria um novo impulso durante o governo militar, a partir de 1964.

Coca-Cola, cerveja em lata e chicletes

AO FINAL DO GIRO DE JIPE pela cidade de Natal, a comitiva de Roosevelt e Getúlio completou o percurso na Base Aérea de Parnamirim *Field*.

Uma área respeitável, de 13,5 milhões de metros quadrados, perímetro de 74 quilômetros, cercado de arame farpado, área coberta de 245 mil metros quadrados, área asfaltada correspondente a uma estrada de 160 quilômetros de extensão e sete metros de largura. Até hoje, quando se desce no aeroporto de Natal, é possível observar a amplitude das instalações. As duas pistas que se cruzavam tinham 1.834 e 2.768 metros de extensão.

É, ainda, a maior base aérea do Brasil, onde estão preservadas as instalações construídas pelos americanos na época da guerra, como um teatro utilizado com frequência para palestras e apresentações.

O pouso noturno era rotina, com o balizamento por luminárias, e um poderoso farol rotativo de lentes prismáticas, com dois fachos, um azul e outro branco. O sistema de radiofonia permitia a comunicação com os pilotos, em viva-voz.

A gasolina de aviação era Esso, que estocava mais de 500 mil galões. O consumo de combustíveis chegava a 100 mil litros por dia.

Uma oficina de tornearia era capaz de produzir até

mesmo peças para motores de avião.

Doze poços artesianos supriam o consumo diário de 650 mil galões de água potável. Águas pluviais eram canalizadas para a lagoa existente no interior da base, e o esgoto era drenado para uma estação de tratamento, de onde saía uma água cristalina, despejada num dos afluentes do rio Pium.

No primeiro semestre de funcionamento da base de Natal foram transportados 1.350 aviões, das fábricas americanas, até as bases de traslado, com a maioria absoluta chegando a Parnamirim.

Os aviões ingleses que rumavam para a África seguiam a mesma rota, daí a expressão "Trampolim da Vitória", que aparece pela primeira vez no *Diário de Pernambuco*: "Natal é o Trampolim da Vitória, inacessível ao inimigo".

Parnamirim tinha agência do US Post Office, igreja ecumênica, fórum, polícia, cadeia, hospital com 178 leitos, escolas (GI college), lavanderias, padarias, câmara frigorífica, um anfiteatro ao ar livre, com tela de cinema onde eram exibidos filmes antes de entrar em cartaz no circuito comercial. Ali se apresentavam em shows grandes nomes da Broadway e de Hollywood, num circuito cultural dedicado aos soldados, que os artistas faziam pelo mundo todo, no chamado esforço de guerra. Também se realizavam concorridos bailes ao ar livre.

Outros cinemas da cidade também viviam abarrotados. Muita gente ficava sem poder entrar aos sábados e domingos.

O comércio local se beneficiou, vendendo de tudo para os americanos, relógios, meias, botas de cano curto *(Natal boots)* modelo fornecido pelos próprios soldados e bebida.

Qualquer armarinho de sírio, ou turco, conforme a terminologia local, tinha uma vendedora que falava inglês.

Daí o letreiro frequente: "English spoken".

Surgiram muitas pensões, mas só para brasileiros. Os americanos tinham núcleos próprios de hospedagem.

Para o homem do interior que chegava à capital era muito difícil achar alojamento. Tudo lotado, hotel de primeira, de segunda, e também as pensões.

Chofer de táxi e engraxate eram pessoas de dinheiro grosso, vendendo serviços para os americanos.

Por toda parte surgiam artesanatos feitos com material recolhido dos aviões tombados nos arredores da base.

E os meninos da cidade viviam atrás dos soldados americanos, em grupos de cinco ou seis, pedindo "um níquel", enquanto eles se dirigiam aos Correios e Telégrafos, para remeter dinheiro para casa.

Com tempo bom, era difícil ir à praia da Redinha, onde os botes transitavam com excesso de lotação, até que a polícia começou a controlar a situação, exigindo que os barcos colocassem, de forma visível, o número máximo de passageiros a bordo.

Havia ainda uma loja *tax free*, a maior do mundo, segundo diziam na época os americanos. Ali estavam disponíveis os fósforos do tipo que os caubóis acendiam na sola do sapato, óculos Ray-Ban (que seguem na moda), porcelana inglesa, relógios, blusões de couro, cigarros Chesterfield, Camel, Lucky Strike, que custavam um cruzeiro, enquanto o Continental, nacional, custava CR$ 1,20.

Em matéria de transporte, os jipes substituíam os carros, e os jipões, com bancos laterais, faziam o papel de ônibus.

A base aérea de Natal, com tantas instalações, lembrava o sonho de Henry Ford, de alguns anos antes, ao construir uma cidade com todos os recursos, chamada Fordlândia, no meio da floresta amazônica, para plantar borracha em grande escala. Esse projeto também teria sido muito importante para o esforço de guerra, mas não deu certo. Milhões de dólares foram queimados, quando uma praga atingiu os seringais.

Coca-Cola não podia faltar, sendo o Brasil o quarto país do mundo a adotar a bebida, depois de Estados Unidos, Canadá e Inglaterra. Na cantina dos soldados, para admiração geral, o refrigerante saía de torneiras.

E já havia cerveja em lata, novidade absoluta.

Natal foi também a primeira cidade brasileira a conhecer o chiclete.

A sede de dólar se tornou cobiça de brasileiros oportunistas. Chegou-se a vender urubu depenado como galinha aos centros de abastecimento americanos em Parnamirim. Diante da impossibilidade de cozimento, o tráfico foi logo interrompido, daí a expressão de repúdio ao comércio irregular, usada na época: "Galinha preta, não mais".

Uma central automática de telefones, montada na base, era quatro vezes superior a todo o sistema de Natal, ainda movido a manivela.

O posto de pronto-socorro funcionava ao lado do cais de Natal, com a placa First Aid sobre a porta. Sua finalidade era a profilaxia de doenças venéreas, e ali enfileiravam-se as meninas da zona de prostituição para serem examinadas por médicos e enfermeiras ianques. As aprovadas tinham a carteira de habilitação sanitária atualizada. As demais eram mantidas em tratamento com sulfas e curetagens.

Cinco mil americanos chegados a Natal durante a guerra eram orientados a não frequentar os bordéis da cidade, ou pelo menos terem cuidados profiláticos no relacionamento, recomendação seguida só por parte deles, como era de se esperar.

Havia três estabelecimentos do gênero na cidade, o

Maria Boa, o Wonderbar e o Goodyear, que tiveram grande êxito nos negócios, embora o número de soldados com doenças venéreas preocupasse os americanos.

As casas de tolerância mais sofisticadas tinham tanta procura que as autoridades militares americanas estabeleceram horários e lugares que poderiam ser frequentados por seus soldados e marujos. Para fugir a essas restrições, alguns puteiros brotaram em Macaíba, cidade vizinha. Os americanos eram levados pelos donos de jardineiras, que recebiam em dobro, mais uma comissão das madames, donas de mafuás. Os MP, da polícia militar americana, não davam trégua, perseguindo os soldados até nesse refúgio.

A cidade tinha ainda o Cassino de Natal (nada a ver com jogatina), frequentado por oficiais e pessoas abonadas.

A vistosa estação de passageiros para hidroaviões da Panair tinha arcadas bem projetadas. Ali foi feita a foto de Roosevelt e Getúlio no jipe, ao sair para visitar as bases militares locais.

Testemunha ocular da passagem do jipe, um habitante local, Humberto Pignataro, relata:

"Eu ia descendo a pé ali pela rua Jovino Barreto, quando me deparei com aquela quantidade enorme de carros, tendo à frente vários batedores em motocicletas. À frente, num jipe descoberto, vinha Roosevelt no banco da frente, e atrás, Getúlio Vargas, e outros oficiais. Lembro que nessa hora dei um grito: 'Presidente!. E foi tudo, Roosevelt acenou para mim, muito sorridente".

Esta não foi a única façanha de Pignataro, pessoa chegada aos americanos, que se gabava que de ter dançado com a famosa atriz de Hollywood, Lana Turner.

Ele dá os detalhes: "Os americanos tinham seu próprio cassino, o USO (United States Orchestra) que recebia orquestras dos Estados Unidos nos fins de semana. Os brasileiros só tinham acesso com convite. A loura estava dançando com um daqueles americanos grandalhões; eu bati no seu ombro, e ele permitiu que eu desse alguns passos de dança com ela, interrompidos por um outro, que a tirou. Já posso dizer que dancei com Lana Turner!".

Ao lado, entretanto, da vocação para a alegria dos cabarés, os americanos eram bons de briga, dados a conflitos de rua. Em geral sabiam boxe e luta livre, daí a desvantagem que, em geral, levavam os brasileiros.

Segundo Pignataro, "um conhecido meu, munido de faca, enfrentou três americanos, com porretes nas mãos. O resultado foi um americano morto, e outros dois feridos gravemente, enquanto o brasileiro saiu moído de pancada".

Após o fim do conflito, o clube dos oficiais da FAB transformou a Rampa num clube elegante da cidade, com festas realizadas no restaurante dali.

A tradição não se manteve, e a visita ao que resta da Rampa não é mais um passeio alentador, a não ser pelo prédio de arcos, de onde o célebre passeio de jipe partiu.

Na época da guerra, nem mesmo o blecaute constante tirava o entusiasmo da cidade, que passara da letargia a uma atividade febril.

Em maio de 1943 começa a circular o número um do *Foreign Ferry News*, composto e impresso nas oficinas do jornal *A República*. O corpo redacional era todo de norte-americanos. Circulava entre oficiais, sargentos e praças americanos sediados na base, ou em trânsito. Por questões de segurança não revelava o local de sua existência física. "By and for the men of this Base" era o que se lia após o cabeçalho.

Sua pauta cobria os acontecimentos da guerra no mundo, os assuntos locais da Base Aérea, sem referir-se ao nome, promoções no exército americano, problemas da Cruz Vermelha na cidade, e trazia charges e até nomes de personalidades locais, sem faltar fotos das jovens natalenses em evidência.

O jornal circulou até 1945, mas, para os habitantes de Natal, era como se não houvesse existido.

Próximo ao fim do conflito mundial, Parnamirim ainda oferecia trabalho a brasileiros, cujo treinamento logo seria aproveitado em atividades civis.

Em paralelo surgia a ocupação desordenada de áreas contíguas à base, numa espécie de "Núcleo Bandeirante" da construção de Brasília, cidade inaugurada quinze anos após o fim da guerra.

O jornal *A República*, no final de 1943, já se referia ao tema:

"Além dos limites da grande Base Aérea existe um núcleo de população superior a muitas vilas e cidades por aí afora. São nada menos que quinhentas casas residenciais, além de incontáveis palhoças e mocambos. O povoado deve ter mais de 2,5 mil habitantes, apesar de ter apenas de três a quatro anos de existência. Existe ali uma feira movimentada, inúmeras casas de comércio, e até mesmo um açougue. Não há autoridade policial alguma, mesmo assim o crime não encontra ambiente naquela cidade."

Com a construção da base pelos americanos, o núcleo tomou grande impulso, tendo chegado raparigas selecionadas, vindas de Pernambuco, Paraíba e Ceará, "para amar os americanos, e tirar-lhes dinheiro", como comentou o então prefeito Antenor Neves de Oliveira, da cidade de Parnamirim, denominada Eduardo Gomes em 1973, mas que voltou ao nome original.

1943

A Base Aérea de Natal foi substituída, em suas atividades, pelo Centro de Formação de Pilotos Militares, em 1970, de breve duração.

Curioso é que os americanos, após o fim da guerra, tenham feito corpo mole para desocupar a base. Todo o ano de 1946 se passou sem que eles tocassem no assunto. Em 1947 chegou do Rio o diretor do Parque da Aeronáutica no Campo dos Afonsos, que levou a questão ao ministro da Aeronáutica, mas não conseguiu resolver o assunto.

Foi o pessoal da Força Aérea em Natal que decidiu assumir o controle operacional da base, o que deu origem a um incidente diplomático. A partir daí, os americanos sentiram que a situação era insustentável, com os reclamos do pessoal brasileiro da base.

Em função disso, um coronel brasileiro resolveu se entender com o comandante americano, para que tudo fosse devolvido ao Brasil. Constrangidos, os americanos enfim cederam. Para operar a base foi trazido pessoal do Galeão, no Rio de Janeiro.

Um raro caso de diplomacia aplicada, que deu certo, sem que o Itamaraty se envolvesse em nenhum momento.

Hoje Parnamirim é uma cidade autônoma, e Natal é um centro turístico importante, atraindo visitantes do Brasil além de investimentos e turistas do exterior.

O estreito do oceano Atlântico

O OBJETIVO DA QUARTA FROTA dos Estados Unidos, na época da reunião de Natal, era o de dominar o importante trecho estratégico que os americanos denominavam de "estreito do oceano Atlântico", pedaço de mar situado entre o continente africano e o americano, que não era tão estreito assim, na altura de Natal.

Como o mar Mediterrâneo, na época, era perigoso para a navegação aliada, o controle do Atlântico Sul passava a ser estratégico.

Em Recife, com população de 250 mil pessoas em 1943, estava incorporada a Quarta Frota norte-americana no Brasil.

A chegada dos americanos aconteceu apenas alguns dias após o ataque a Pearl Harbour, que acabou por fazer os Estados Unidos entrar na guerra, a partir do momento em que a sua população se sentiu ultrajada pela "traição amarela".

Era um contingente pequeno, com um grupo de apenas seis aviões da Marinha americana. Uma esquadrilha precursora da chegada de cerca de 5 mil militares e centenas de aviões que voariam a Natal, numa época em que tudo era urgente e essencial, pela situação de indefinição da Segunda Guerra Mundial, com a sorte pendendo para o lado alemão e a assustadora supremacia nazista demonstrada até então.

1943

Para os seus hidroaviões Catalina, os americanos encontraram instalações da Panair do Brasil, subsidiária da prestigiosa Pan American Airways, até então utilizadas para os voos do *Flying Clipper*, inicialmente o Sikorsky S-42. Foi no mesmo tipo de avião, num modelo posterior, fabricado pela Boeing, que Roosevelt chegaria a Natal.

Recife, como base naval privilegiada, recebeu destróieres, cruzadores, navios de serviço, e até porta-aviões de escolta, ao final do conflito.

O porto da capital pernambucana transformou-se na segunda maior base aérea operada por americanos e brasileiros, abrigando esquadrilhas dos dois países.

Algumas dessas bases instaladas durante a guerra só operavam hidroaviões, mas a costa do país estava bem protegida de eventual invasão inimiga, desde Belém, no norte do país, até Florianópolis, no sul.

Além de ceder as bases e o comando militar para os norte-americanos, a Força Aérea e a Marinha brasileira trabalharam juntas nas obras de construção dessas bases.

Em Natal, os habitantes locais e de outros estados que tivessem vontade de trabalhar encontravam emprego. Em Parnamirim os salários eram superiores aos da região.

Os Catalina eram aviões apropriados para a vigilância do litoral, em busca de submarinos inimigos, por sua grande autonomia e velocidade reduzida, facilitando o trabalho de busca, o que ajudou a acabar com a supremacia dos submarinos alemães no Atlântico Sul. Tinham capacidade para atacar os submarinos, com suas metralhadoras .30 e .50, e bombas de profundidade sob as asas.

O que ficou do empenho dessas aeronaves e seus dedicados pilotos ao proteger as costas do Brasil foi a história de um comboio importante que se dirigia para a África, carregando peças de artilharia e munição para Alexandria, onde estava o general Montgomery. Naquela época o general britânico enfrentava batalhas cruciais contra os alemães, na luta pela supremacia do Norte da África.

A cobertura dos Catalina com seu voo protetor compreendeu um trecho muito extenso, de Natal até a ilha de Ascenção, uma possessão britânica. Garantida a travessia crítica para a frota de navios, não houve problemas para a continuação da viagem, a partir da ilha até a costa africana, tendo os Catalinas regressado a Natal. Foi um alentado envio de cargas que colaborou para a vitória aliada, que permitiria também a invasão da Itália, a partir da Sicília.

Um piloto americano, comandante de um dos aviões de patrulhamento e ataque aos submarinos, resumiu a vida que tinha durante a guerra: "muitas horas de tédio, e alguns minutos terríveis em combate".

Após a guerra, esse tipo de aeronave foi empregada em transporte de passageiros no Brasil, pelas companhias Panair e Cruzeiro do Sul, com ênfase na região amazônica, por serem aviões anfíbios.

Outro recurso essencial para encontrar submarinos inimigos foi a invenção do radar, pelos ingleses, tornando automático o encontro dos alvos estáticos ou em movimento no mar, mesmo em condições visuais desfavoráveis à operação dos aviões.

Alguns Catalinas utilizados mais para o final da guerra mostram uma protuberância no nariz, próxima ao parabrisas: era o primitivo radar da época, mesmo assim um instrumento poderoso para localizar embarcações inimigas.

O funcionamento do radar do lado aliado tornou fatal o encontro dos *U-Boats* em combate com os submarinos "vaca-leiteira", cujas coordenadas para o reabastecimento eram marcadas por mensagem cifrada, em algum ponto do oceano.

Os alemães julgavam como inexpugnável, conforme o nome que escolheram, o seu código "Enigma".

Acontece que um grupo brilhante de matemáticos ingleses, isolado num castelo britânico, conseguiu decifrar o código. Com isso, a localização dos submarinos e os pontos de encontro para reabastecimento passaram a ser conhecidos dos Aliados.

Com o radar era possível atacar com precisão as embarcações em abastecimento, detectadas pelos aviões aliados. O que era uma operação simples, mas essencial para o prosseguimento dos ataques dos submarinos, passou a ser um pesadelo para os alemães. Com isso, a frota de dez *milkcows* teve vida breve, com a perda de trezentos homens a partir de um grupo de quinhentos tripulantes.

Do conjunto inicial dos dez submarinos, três foram afundados na viagem inaugural, e dois na segunda ou terceira viagem.

Em média cada um fez apenas 3,5 encontros de reabastecimento, antes de serem afundados.

Os Catalina, utilizados no reconhecimento aéreo de embarcações inimigas, eram lentos e vulneráveis ao fogo acurado das metralhadoras situadas no convés dos *U-boats*, em navegação de superfície, o que acabou por vitimar alguns dos melhores pilotos nessas missões.

Com o reforço das metralhadoras de convés dos submarinos, começaram a ser abatidos alguns Catalina e *Martin Mariner,* com a perda de quatro tripulações, num total de quarenta pessoas.

O *Clipper*, um aparelho civil, muito maior que o Catalina, que voava a quase o dobro da sua velocidade máxima, mas em baixa altitude, naquela viagem a Natal tornava-se vulnerável às metralhadoras situadas no convés de um submarino alemão, caso o voo, bem como o nome de seu ilustre passageiro, tivessem transpirado. Daí a razão do segredo absoluto em torno da missão.

No encontro de Roosevelt e Getúlio, começava a virar a sorte dos submarinos nazistas no Atlântico Sul, e ficavam menores as possibilidades de que se concretizasse uma invasão do hemisfério ocidental começando pelo Brasil, uma hipótese que os americanos levaram muito a sério, com base na predominância militar dos alemães, de dezembro de 1941 a novembro de 1942, quando tinham o caminho aberto para a conquista do Mediterrâneo, da costa ocidental africana, e do Oriente Médio.

Mesmo no início de 1943, a força ofensiva alemã ainda estava inteira, até a violenta batalha de Kursk, contra os soviéticos, considerada o maior confronto entre tanques de todos os tempos, maior até que os combates de blindados em El Alamein, no Norte da África, não só pela quantidade de equipamentos empregados, como pela extensão da área ocupada pelos combates.

Colaborou também para o triunfo das forças russas o fato de que os japoneses, que haviam assinado um pacto de não agressão com a União Soviética, em 1941, não tivessem ameaçado, com seu poderio bélico, a região da Sibéria. Isso permitiu a Stálin trazer as tropas que estavam ali acantonadas, para aliviar o dramático cerco de Moscou.

O chamado Arsenal da Democracia garantiu o abastecimento dos países aliados, em especial Inglaterra e União Soviética.

Antes de dezembro de 1941, quando aconteceu Pearl Harbor, o foco da coalizão inimiga estava voltado para os comboios navais do Atlântico Norte, na tentativa de asfixiar a Grã-Bretanha, a Rússia e o Mediterrâneo.

Ocasião em que não houve navios mercantes americanos ou brasileiros afundados, já que ambos os países eram neutros, até então, enquanto os submarinos alemães se preocupavam em atacar, com grande perigo, as ilhas britânicas.

Os efeitos desse cerco são fáceis de mensurar: em 1939, a Inglaterra importou 45 milhões de toneladas; em 1941, importou bem menos, 31 milhões de toneladas, devido à ação dos submarinos.

A sorte dos ingleses é que a Alemanha subestimou o potencial letal dos ataques dos submarinos, mais especificamente o próprio Fuhrer, apesar dos apelos do almirante Doenitz para que mais embarcações fossem fabricadas, até mil unidades, número que nunca chegou nem perto de ser alcançado.

Logo após a declaração de guerra aos japoneses e seus Aliados alemães, a partir do ataque a Pearl Harbor, o almirante Doenitz mandou uma frota de seis submarinos para os Estados Unidos, país tão desprevenido em matéria de estratégia de defesa que parecia não saber que estava em guerra. Os petroleiros torpedeados, em chamas, eram um espetáculo apreciado por ingênuos americanos da costa leste, sentados nas praias, à noite.

A descrição de como foram os ataques alemães à costa leste dos Estados Unidos – Operação *Drumbeat* – é difícil de acreditar, tamanha a ingenuidade dos americanos após a declaração de guerra contra a Alemanha.

Os submarinos alemães chegaram à costa leste da América do Norte, de madrugada, com muito bom tempo, depois de uma semana de viagem quase sem emergir. Aquela precaução teria sido desnecessária, tal o nível de despreparo que encontraram nas forças navais americanas.

A iluminação de Nova York era forte, formava um halo em torno da cidade que superava em muitas vezes a altura dos edifícios. Ao chegar, com muita tranquilidade, a tripulação ficou em pé no deque dos submarinos ao largo, observando a paisagem noturna, como turistas. As luzinhas da Brooklin Bridge chamaram a atenção de oficiais e marinheiros, que nunca tinham ido aos Estados Unidos, assim como seu líder máximo, Adolf Hitler.

Terminado o reconhecimento das luzes da cidade, a iluminação dos submarinos foi apagada, ficando acesa a luz vermelha interna, que não se propaga para fora da embarcação. Durante todo esse tempo, a apenas trinta milhas da costa, mar calmo e céu estrelado, os marinheiros não detectaram nenhum navio por perto.

Ficou claro que a silhueta de um navio da categoria Liberty, levando carga essencial para os Aliados na Europa, seria vista com facilidade, à noite, contra as luzes de Nova York, que permaneciam como excelentes pontos de referência. Pela silhueta dos navios era possível saber até mesmo a tonelagem de cada um, pelos perfis desenhados no livro de bordo dos submarinos, para que os torpedos não visassem alvos com menos de dez mil toneladas de carga útil, uma espécie de relação custo-benefício de cada lançamento de torpedo.

Curioso é que não havia blecaute em Nova York, uma cidade à beira-mar, em guerra contra uma potência estrangeira que havia deixado quase toda a Europa de joelhos com seu poderio bélico.

Ao saírem os primeiros navios aliados da costa leste dos Estados Unidos rumo à Europa, começou o tiro ao alvo dos submarinos, com disparos de torpedos atingindo em cheio os navios mercantes. Seus estilhaços, atirados para cima, de

1943

tão quentes pareciam fogos de artifício, ou foguetes sinalizadores usados em emergência, até virar um chiado agudo, pelo choque térmico, ao cair na água do mar.

Naquela primeira incursão para comemorar o início da guerra de verdade para os americanos, cada submarino precursor afundou, em média seis embarcações, entre elas navios-tanque, com direito a um espetáculo pirotécnico cinco vezes mais quente e mais colorido.

Só naquele mês de janeiro de 1942 foram afundados, sem reação, 62 navios, totalizando mais de 300 mil toneladas de carga que deixaram de chegar a uma Europa tão necessitada, naquele momento.

No total da operação, com doze submarinos envolvidos, em seis meses, foram afundados 495 navios, com 5 mil vidas sacrificadas, uma das maiores perdas sofridas pela Marinha americana em toda a sua história, que deixou Pearl Harbor no chinelo.

O maior responsável por essa catástrofe foi o comandante White, responsável pela defesa do litoral, como comandante da Marinha dos Estados Unidos.

Era um careca, de pescoço comprido, pretensioso, que detestava os ingleses. Em especial o Serviço de Informações britânico. Por isso mesmo, não prestou atenção aos avisos enviados de Londres, pelo rádio, sobre a força-tarefa de submarinos inimigos que se dirigia à América do Norte, com todos os detalhes de como seriam os ataques.

Prestando atenção a essas mesmas informações, os canadenses repeliram as tentativas dos alemães de chegar ao porto de Halifax. Não tendo a oportunidade de atacar com um mínimo de segurança, os submarinos que tinham a missão de interceptar navios do Canadá saíram dali, e foram reforçar o contingente que aterrorizava a costa americana.

A Marinha dos Estados Unidos reagiu com bombas de profundidade. Foi fácil descobrir, para os tripulantes dos submarinos, que os americanos ainda não estavam preparados para dar combate aos bem treinados alemães. Além disso, seguiam rotas absolutamente regulares e previsíveis, o que tornava fácil para os comandantes dos submarinos alemães desviar da trajetória dos lançadores de bombas de profundidade.

Depois de assistir, durante semanas, ao estrago feito à sua marinha mercante, o comandante White resolveu mandar diminuir a intensidade das luzes de Nova York, mas sem estabelecer critérios.

Para os submarinos, os alvos continuavam fáceis de avistar à noite, em contraste com as luzes da cidade, que tinham ficado apenas um pouco menos brilhantes.

Com o sucesso da operação *Drumbeat* começou a terceira fase da guerra naval, a partir do início de 1944, redirecionada para o Atlântico Sul, onde a intensidade dos ataques dos submarinos tinha arrefecido, em função das seguidas derrotas dos nazistas, que aconteciam na Europa. Como também pela adoção do *snorkel*, aparelho para exaustão de gases de escapamento da embarcação, que permitia aos submarinos ficar muito mais tempo sem voltar à superfície, correndo menos riscos. Mas, às vezes, o equipamento chegava a asfixiar a tripulação por alguns minutos, quando as ondas cobriam a entrada de ar na superfície do mar.

Graças ao novo dispositivo, os submarinos emergiam com menos frequência, e não mais ameaçavam, com suas metralhadoras de convés, os aviões de patrulha americanos e brasileiros, tendo sido reduzido o número desses confrontos.

A sorte dos americanos na operação *Drumbeat* é que Doenitz pedira autorização para o envio de doze submarinos à região, mas Hitler só autorizou seis deles, no início da operação.

A partir de setembro de 1943, as forças anti-submarino aliadas, compostas de aviões, balões e navios de superfície, viraram o jogo. A produção de navios cresceu e superou as perdas de embarcações afundadas pelos submarinos.

Além disso, os submarinos alemães começaram a ser usados para levar nazistas e seu butim para a Argentina, e outros países da área, simpáticos aos nazistas.

Apesar da importância de Parnamirim para os Estados Unidos, a atuação de Roosevelt, ampliando o relacionamento com o Brasil, não tinha apoio das elites intelectuais dos americanos, que julgavam inoportuno o apoio a um ditador sul-americano.

Mas o presidente americano não tinha opção, naquela altura da guerra, sabedor de que alemães e italianos se relacionavam há anos com o Brasil, abrindo linhas aéreas, incentivando o comércio exterior e enviando imigrantes como mão de obra para o país.

A base aérea de Parnamirim *Field* empregava brasileiros que tivessem formação básica, vontade de aprender inglês, e de fazer um curso técnico.

Além do estímulo econômico trazido para a cidade pela base aérea, a infraestrutura da região foi melhorada, com melhores estradas e mais construções.

Uma alemã no palácio

Seria improvável que o presidente Getúlio Vargas ganhasse uma nora alemã, ariana pura, recém-chegada da Alemanha nazista, em 1940, e que mais tarde, casada com seu filho Lutero, viesse a morar sob o mesmo teto do presidente da República, no Palácio Guanabara, por um período. Justamente numa época em que os destinos do mundo haviam sido abalados pelas invasões nazistas, em desnorteantes *Blitzkrieg*, o rápido e mortífero avanço que levou a Alemanha a conquistar boa parte da Europa, quase sem resistência. A exceção foi a Grã-Bretanha, que defendeu bravamente seu espaço aéreo atacado pela Luftwaffe, na chamada Batalha da Inglaterra.

Enquanto isso, o Brasil ainda não havia decidido de que lado iria ficar no conflito mundial que se iniciava, e duraria mais cinco anos. Alguns militares fiéis a Getúlio desde a implantação do Estado Novo eram pró-nazi, como o general Eurico Gaspar Dutra, ministro da guerra de 1936 a 1945, e futuro presidente da República; general Góis Monteiro, ministro da guerra em 1934; e Filinto Müller, chefe da polícia do Distrito Federal, futuro senador e líder do partido governista, Arena, que morreu no desastre da Varig chegando ao aeroporto de Orly, em 1973. Na década de 1940 ele havia estado em Berlim, para aprender métodos nazistas de

1943

arrancar confissões dos inimigos da ditadura.

A chegada de Ingeborg (ou Inge, para os mais próximos) ao Brasil lembra um enredo exagerado de ficção, a partir do atribulado desembarque. Seu visto de saída da Alemanha nazista foi dificultado ao máximo, para que ela desistisse da ideia de se casar no Brasil, desprezando a oportunidade de escolher algum "ariano puro" local.

Ela era bonita, charmosa, desembaraçada, culta, elegante, e com relacionamentos na alta sociedade alemã.

O visto acabou sendo concedido, com a condição de que fosse recebida pelo embaixador alemão no Rio, e que se hospedasse na embaixada de seu país até celebrar o casamento com Lutero Vargas.

Diante de sua firme intenção de se casar no país tropical, Ingeborg recebeu lições sobre os fundamentos e a doutrina da "raça pura", como era de praxe no regime nazista, sendo esclarecida a respeito das vantagens de encontrar um cônjuge alemão, e sobre a superioridade dos maridos daquela etnia, e depois dos filhos, sobre quaisquer outras, que dirá de um cônjuge sul-americano.

Lutero Vargas, médico ortopedista formado pela Faculdade Nacional de Medicina da Universidade do Brasil, seguiu em 1939 para Paris, depois para a Alemanha, onde permaneceu por um ano, interessado em cirurgia ortopédica.

Um dia, em 1939, Ingeborg foi convidada para almoçar com um artista chamado Hugo von Habermann, que, impressionado com sua beleza, tinha pintado um retrato dela. Havia outros convidados no restaurante na margem do lago Wannsee. Entre eles, Sérgio Alvarenga, o jovem primeiro secretário da Embaixada do Brasil em Berlim, que compareceu ao encontro, com um amigo, formando um grupo de gente elegante que almoçava no sofisticado terraço do restaurante.

Lutero Vargas sentou-se ao lado de Ingeborg. Ele falava apenas algumas palavras em alemão, associadas à medicina, mas seu sorriso amável compensava, em simpatia, o que lhe faltava em matéria de vocabulário. Além disso, era um tipo moreno, de *latin lover,* longos cabelos negros, penteados para trás, reluzindo com a aplicação de brilhantina. Um tipo raro naquelas paragens, em que olhos azuis e cabelos louros eram marcas registradas de uma certa "raça superior", segundo os nazistas, cuja tendência era levar tudo muito a sério, sem tempo para brincadeiras, mais propensos à violência.

Lutero conseguiu fazer graça, e Ingeborg riu bastante. Agradou, e conseguiu marcar um outro encontro. Cedo estavam apaixonados, embora tão diferentes em herança genética e modo de vida. Os demais pretendentes da alemã, e eles eram muitos, ficaram para trás, apesar de serem mais bem aceitos pela sociedade e pelos representantes do poder nazista de que faziam parte.

Em setembro daquele ano, enquanto o romance prosseguia, a Alemanha e a União Soviética invadiram e repartiram a Polônia, o que resultou na declaração de guerra de França e Inglaterra.

A situação de guerra efetiva não se consumou por nove longos meses, até que, em maio de 1940, Lutero disse à namorada que iria deixar Berlim de imediato, quando Mussolini informou às autoridades brasileiras que a fase mais ativa e violenta da guerra estava por começar.

A informação veio do líder fascista da Itália, Benito Mussolini, que mandou seu próprio filho Bruno buscar Lutero na Alemanha, pilotando um avião militar de seu país, para transportá-lo até o Rio de Janeiro.

Bruno já conhecia a rota, era dele o recorde de velocidade em voo para o Brasil, em 1938. O filho de Mussolini era ativo na Força Aérea italiana, onde o pai o convocava para missões importantes, na área política ou de aviação. Tanto que morreu em 1941, num acidente aéreo perto do aeroporto de Pisa, quando testava um bombardeiro secreto, a pedido de seu pai.

Por essa preocupação do ditador italiano em relação ao filho de Vargas, é possível perceber a importância que a Itália dava à posição política a ser adotada pelo Brasil. Tudo era feito para agradar ao governo brasileiro, no intuito de que o país adotasse o lado dos países do Eixo, ou pelo menos fosse simpático à causa italiana, o suficiente para permanecer neutro na guerra, levando em conta a quantidade de imigrantes oriundos da Itália que moravam no Brasil.

Para Getúlio, a adesão aos países que tinham governos ditatoriais poderia ser vista como uma garantia futura, em caso de derrota dos Aliados. Nessa hipótese, o Brasil estaria bem situado na nova configuração geopolítica que surgiria ao fim do conflito, caso os alemães vencessem a guerra.

Acabou optando pelos Aliados, com o risco de ser obrigado, pela abertura democrática que se seguiria, a deixar o governo, com o fim do Estado Novo, o que de fato aconteceu, em 1945.

A viagem de Lutero de volta para casa, sob o patrocínio do governo italiano, tinha roteiro traçado, passando por Roma, Lisboa e Açores.

A despedida do casal de namorados foi rápida e melancólica, mas com um rápido consolo para a noiva: três semanas depois, Ingeborg recebeu Alvarenga em sua casa, incumbido de pedi-la em casamento, em nome do jovem Vargas. Lutero passara um telegrama para a sua querida alemã, bastante sucinto, mas com intenções muito claras: "Quero casar com você, nossa Embaixada acerta os detalhes".

Os planos para a saída de Ingeborg eram secretos, sendo que só sua mãe, e uma amiga mais chegada, tinham conhecimento deles. Era a baronesa Gisele Von Fittinghaf, o que mostra que sua família se relacionava com pessoas requintadas, sendo o título de nobreza levado a sério na Alemanha.

Ela partiu em companhia de um diplomata brasileiro, de avião até Roma, e daí para Portugal. Em Lisboa foram feitos arranjos para que embarcasse no navio português S.S. Bajé, rumo ao Rio de Janeiro, sempre escoltada pelo diplomata do Itamaraty e sua mulher, que voltavam para casa.

Sentiu, pela primeira vez, o peso e a responsabilidade de pertencer à família do presidente brasileiro, quando uma quantidade grande de pessoas procurou-a em Lisboa tentando, até mesmo com o oferecimento de joias e dinheiro, incorporar-se a uma viagem que se tornava cada mais difícil de ser conseguida, até pelas instruções do governo Vargas de que o Itamaraty não desse visto aos refugiados judeus, o que de fato ocorreu na diplomacia brasileira, com exceções.

Portugal era um país neutro, na teoria não havia perigo para as embarcações navegando sob sua bandeira, e a viagem correu sem novidades.

Apesar de o embaixador alemão estar à espera de Ingeborg, Lutero utilizou o jeitinho brasileiro de quem está no poder, ao fazer o navio parar fora da barra, para espanto dos passageiros que desejavam saber de algum possível imprevisto, quando viajar de navio no Atlântico Sul era uma aventura que poderia acabar mal.

Num gesto de herói de capa e espada, lá estava Lutero, cabelos um pouco desalinhados pela brisa do mar, numa lancha da Marinha do Brasil, à espera de sua amada, com o mesmo terno com que havia se despedido dela.

A alemã desceu por uma escada de cordas desenrolada

sobre o costado do navio, para aflição de todos os passageiros e tripulantes que presenciaram a inusitada e arriscada operação.

A lancha parou em Niterói e o casal tomou um carro para o palácio do Ingá, onde Ingeborg foi apresentada à sua sogra, e à cunhada Alzira, mulher do governador do Estado do Rio, almirante Hernani do Amaral Peixoto, braço direito do presidente.

Até o casamento, a noiva foi hospedada na casa da família Correa, amiga dos Vargas. Três dias depois, foi realizada a cerimônia civil, no Palácio Guanabara, com toda a família presidencial presente.

Após a lua de mel em Petrópolis, os recém-casados mudaram-se para uma casa na Urca. Jantavam todos os dias com o presidente Vargas, e o círculo familiar mais próximo, no Palácio Guanabara. Logo Ingeborg ficou grávida, e nasceu Cândida Darcy Vargas, em julho de 1941.

Enquanto Lutero se empenhava na prática ortopédica, Ingeborg era apresentada à cena cultural do Rio de Janeiro, com muito sucesso, despertando certo ciúme das senhoras da sociedade carioca.

Diante do seu interesse pela cultura, Getúlio ofereceu o camarote da presidência no Teatro Municipal, para uso da nora. Ela começou a assistir a concertos e até a ensaios, na companhia de Nini Correa, sua primeira anfitriã na cidade.

Os artistas refugiados da Europa deram um grande reforço à musica e à cultura no país, e Ingeborg conheceu o escultor Zamoyski, um polonês que havia fugido para o Brasil, e que fez uma escultura dela, e depois ensinou-lhe os rudimentos da técnica. Conheceu Cândido Portinari, que pintou o retrato de sua filha, como presente.

Mais interessante ainda foi conhecer Patrício Teixeira,

um compositor e professor de violão conhecido na cidade e que lhe ensinou a tocar o instrumento com o balanço do samba, sendo que muitos anos depois Ingeborg ainda era capaz de lembrar algumas das canções mais tocadas pelos seresteiros brasileiros, assim como falava e escrevia em português com certa fluência, mas somente com pessoas com quem tivesse intimidade. Patrício, anos mais tarde, seria professor também de Nara Leão, a musa da bossa nova.

Outra referência do compositor brasileiro é um samba de sua autoria, "Não tenho lágrimas", que virou "Come to the Mardi Gras", música oficial do carnaval de Nova Orleans. Patrício vendeu a autoria do samba, uma prática da época.

Em 1942, o casal conheceu Nelson Rockefeller, que visitava o Brasil pelo Departamento de Estado norte-americano, e que convidou os dois para voarem até Nova York, e depois visitar os Estados Unidos de trem, por um período longo, de dez meses.

A ação dos submarinos alemães não poupava ninguém, e a bagagem do casal acabou indo a pique, quando seguia do Brasil aos Estados Unidos, de navio, deixando os dois sem guarda-roupa para acompanhar a programação que previa encontros com personalidades importantes da época: o prefeito de NY, Fiorello La Guardia, J. Edgar Hoover, do FBI, Henry Ford, Walt Disney.

Voltaram ao Rio próximo à conferência de Natal, onde Getúlio e Roosevelt decidiram enviar uma força expedicionária brasileira para combater na Itália.

Lutero alistou-se nessa tropa, como oficial-médico, e seguiu de novo para os Estados Unidos e depois para Roma, enquanto Inge era também convidada para voltar aos Estados Unidos, com a filha Cândida Darcy, pela mulher de James Forrestal, comandante da Marinha e Secretário de

1943

Estado norte-americano, que a posteriori deu nome ao primeiro super porta-aviões ianque, o U.S.S. Forrestal.

A embaixatriz do Brasil em Washington, Maria Martins, importante artista plástica, ratificou o convite e recebeu Ingeborg na embaixada.

Nelson Rockefeller conseguiu uma bolsa de estudos para a nora de Getúlio na prestigiosa Juilliard School, em Nova York, onde ela pôde continuar os estudos de música, a partir do que havia aprendido no Brasil e na Alemanha.

No final da guerra, os dois se reuniram de novo no Rio, mas para surpresa de Ingeborg, Lutero pediu divórcio. Passados sete meses, ela resolveu começar vida nova, como artista plástica em Nova York.

Inge já tinha um círculo de amizades na cidade, o que facilitou a sua permanência em Nova York, onde montou um ateliê. A filha Cândida permaneceria no Brasil.

Paulo Sampaio, marido de sua querida amiga Gilda Sampaio, era diretor da Panair, e Ingeborg foi para Nova York num Lockheed Constellation, que retornava aos Estados Unidos.

Mesmo com passaporte diplomático, não poderia procurar emprego nos Estados Unidos, mas J.B. Neumann, importante marchand, responsável pela venda de obras de Paul Klee e outros artistas da famosa exposição denominada pelos nazistas como Arte Degenerada, conseguiu uma colocação para Ingeborg em sua galeria da rua 57, em Manhattan, onde ela conheceu as pessoas que interessavam no mundo das artes plásticas, iniciando uma carreira bem sucedida que só terminaria com sua morte, em 2011.

O Centro de Pesquisa e Documentação de História Contemporânea do Brasil da Fundação Getúlio Vargas (FGV) possui uma entrevista de Lutero Vargas respondendo a perguntas formuladas por Valentina da Rocha Lima, da própria instituição.

É um depoimento muito original, não apenas pelas revelações de Lutero quando trata do seu relacionamento com Ingeborg, como por seu estado de espírito ao responder às perguntas de Valentina, em 1983:

"Sua esposa era de origem alemã?
Meu pai teve uma grande repulsa. Foi uma reprovação imediata. Deixou de falar comigo durante dois dias.
Dois dias, mas passou rápido, não é?
Mas precisou a intervenção de minha mãe para ele dar consentimento e voltar a falar comigo.
Ele argumentou com o senhor por que se opunha ao casamento?
Não, porque se ele argumentasse, eu não teria casado.
O senhor não estava apaixonado?
Estava, mas se ele me argumentasse politicamente ou se eu tivesse percebido a influência política desse meu casamento, eu não teria casado. Eu não pensei na repercussão política que teria esse casamento.
Quer dizer, a sua lealdade a seu pai era tão forte que o senhor era capaz de abdicar...
Se ele me dissesse a razão, eu não casaria.
Abdicar de uma escolha afetiva desse tipo para estar ao lado dele.
Perfeitamente. Mas ele não disse. Ele só ficou brabo e não me explicou a razão.
Mas era por que ela era alemã?
Era.
Mas então se realiza o casamento, e as relações de sua esposa com a família foram relações difíceis, por esse começo assim já meio tumultuado?

Sinceramente, não sei. Porque nasceu a minha filha, eu fui para a guerra... Eu casei e fiquei afastado dela, praticamente. Já em 1942 eu estava me divorciando dela.
Por que o senhor se alista para ir para a guerra?
Quando a guerra eclodiu eu estava em Berlim. Então escrevi para um amigo em Paris, oferecendo meus serviços médicos para a França, e a França não me aceitou, porque não aceitava estrangeiros. Então fui ficando lá pela Alemanha até que vim para o Brasil. E a minha vontade sempre foi de ter uma experiência de cirurgia de guerra. Essa é a razão por que eu me apresentei como voluntário para ir para a Guerra."

Separação de Lutero e Ingeborg

O DIVÓRCIO PEDIDO por Lutero e a viagem rápida de Ingeborg para os Estados Unidos deram margem a muitas conjeturas, que ela própria nunca esclareceu direito. Em contato com alguns jornalistas brasileiros que a procuraram no seu apartamento no Greenwich Village, em Nova York, também pouco se abriu, embora fosse sempre uma anfitriã requintada, muito amável e delicada com quem a procurasse, mais ainda se fosse um brasileiro, país em que tinha amigos, ligados às artes plásticas. Ali ela viveu até a sua morte, em 2011, com seu terceiro marido, John Githens, um americano amável e bastante erudito, especialista em tradução e professor de literatura russa.

Para se chegar até o apartamento de Ingeborg no Village não era difícil, bastava saber o local: Washington Square. Da calçada já era possível avistar os grandes e coloridos quadros de sua autoria que cobriam as paredes, logo no primeiro andar. E ela não se intimidava com as dimensões avantajadas das obras, sendo fácil encontrar diversos de seus trabalhos com mais de dois metros de altura, por um e noventa de largura, mesmo ao final da sua longa vida artística, iniciada nos últimos anos da década de 1950.

Matriculou-se na New York University, e teve aulas de desenho com Elsa Tenhardt, uma professora de prestígio.

1943

Em pouco tempo foi promovida para as aulas de pintura, o que não era comum para quem não havia completado as aulas de desenho. Sua professora preferiu que ela deixasse a escola e fosse trabalhar em seu próprio estúdio. Mas Tenhardt continuou funcionando como crítica de arte e mentora, pela originalidade de seus trabalhos. Daí para as exposições coletivas foi um passo. Não demorou também para Inge fazer a sua primeira exposição individual, seguida por muitas outras que a tornaram figura muito conhecida no mundo das artes.

Do seu lado lúdico ficam as mãos, que ela não cansava de pintar feito brincadeira de criança, com o lápis acompanhando os dedos. Ou pintava em tela as expressões das mãos que a fascinavam, o que ela denominou de "Série Quiromância".

Também a série "Os Cabides", feitos de acrílico sobre madeira compensada, fizeram sucesso. Eram verdadeiros móbiles, recoberta a expressão utilitária desses objetos por uma pintura cromática, com desenhos geométricos, alegres e de bom gosto, a revelar a grande colorista que ela era.

Uma publicação brasileira que conseguiu entrevistar Ingeborg foi a revista *Brasileiros*, em 2007, quando ela tinha 92 anos, época do nascimento de sua bisneta Fernanda Vargas Hamilton Kimball, neta de Cândida Darcy, e filha de Alexandra Manuela Vargas Kimball, que vive nos Estados Unidos, casada com um americano. Excertos da entrevista no bom estilo de Osmar Freitas Jr.:

"Há quem a acuse de ter sido espiã nazista, aboletada no Palácio do Catete, onde supostamente mantinha um rádio de ondas curtas para entregar o ouro aos bandidos. No caso, o posicionamento de navios cargueiros brasileiros e naus de guerra de bandeiras norte-americanas e britânicas, para serem torpedeados pelos *U-Boats* de Hitler. Contam que foi presa em flagrante delito e mantida incomunicável por ordem expressa do sogro, até ser expulsa do território nacional depois da guerra. E não param aí as línguas-de-trapo. Tem gente jurando que a belíssima alemã era lésbica."

"É inimaginável que aquela figura – materialização do que os norte-americanos chamam de bohemian – fosse negacear uma ou outra aventura gay. O estilo *bohemian* esbofeteia a cara das convenções, a começar pelas que tentam regular as tertúlias do leito. E quem mais, a não ser um *bohemian*, cobrir-se-ia com as roupas que ten Haeff exibe com tanta sofisticação irônica? A começar pela ubíqua kaftan solta cor de café-escuro com estamparia puxando pelo abstrato-expressionista. Na cabeça, encobrindo parcialmente a sensual cabeleira ainda loura, um casquete marroquino, marca registrada daqueles que passaram pelo Marrocos.... O gorro confere à mulher o perfil de uma estatueta *art déco*. Os colares metálicos – bronze, prata e cobre – ajudam a reforçar essa imagem."

"Fui casada com três homens e nos intervalos tive alguns amantes do mesmo gênero, diz elegantemente, sem pruridos."

"Os anéis, como a margarida de prata, encobrem ao menos três dedos das mãos famosas, ultra-expressivas, compridas, finas, mas fortes. Essas extremidades são reproduzidas *ad infinitum* nos desenhos que estão nos museus europeus ou americanos..."

Dá para imaginar Ingeborg chegando ao Brasil, na primavera de 1940, com sua beleza clássica, muito alta, bem jovem, com cara de mais moça ainda, jeito recatado até começar a se liberar, e com um vestido branco. Deve ter balançado os alicerces da República ao circular com desenvoltura pela capital federal.

Na assinatura do casamento civil, ao redor da mesa em que aceitava o texto preparado pelo cartório de registros públicos, de acordo com a legislação brasileira, estão de roupa preta todos os homens e mulheres presentes, inclusive juiz e escrivão, umas 25 pessoas visíveis na foto, contrastando com a figura diáfana de Ingeborg, a única toda de branco, com bordados translúcidos nas mangas.

É como se ressurgisse no Brasil a imagem da bela comunista alemã Olga Benário, nascida em Munique, sete anos mais velha que Inge. Foi mulher de Luiz Carlos Prestes, desterrada em 1936 e entregue aos nazistas, grávida de sete meses. Acabou sendo morta na Alemanha, em 1936. Sua filha Anita Leocádia tem o segundo nome em homenagem à mãe de Prestes. Ela vive no Brasil e é historiadora.

Ingeborg era também uma figura marcante, com o mesmo tipo de beleza da mulher de Prestes. Nascida em Dusseldorf, em 31 de julho de 1915, chegou ao Brasil no início de 1940, casou-se com Lutero em setembro do mesmo ano, teve a única filha, com a qual nunca pode se entender, em julho do ano seguinte.

Teria sido uma ironia da história se mais uma alemã, casada com uma figura pública brasileira, também homenageando a sogra com o nome dado à filha, tivesse de fato sido agente de um governo totalitário, mas com ideologia oposta ao comunismo.

É pouco provável que ela tenha sido uma agente secreta, entre outras razões pelo fato de que o casal ter sido convidado por Nelson Rockefeller para ir aos Estados Unidos em 1942, para uma permanência de dez meses, ocasião em que ambos foram investigados pelo *Office of Strategic Services* de Nova York.

Pensando de forma inversa, será que o amor à primeira vista por aquele brasileiro sedutor teria sido tão fulminante, a ponto de fazer Ingeborg sair da Alemanha poucos meses após tê-lo conhecido, deixando a família, ao se dirigir a um país desconhecido, sobre o qual não tinha referências? E casar logo em seguida, sem exteriorizar grande emoção? Tudo em plena efervescência política em sua terra natal, e com o ânimo patriótico exacerbado pelas conquistas nazistas?

Ela deve ter sido da Juventude Hitlerista (de 14 a 18 anos), que no caso das meninas se chamava Liga das Moças (de 14 a 21 anos), como todo jovem alemão da época, alistado, na prática, de forma compulsória, da qual não escapou o futuro papa Bento XVI.

Outro paralelo que pode ser traçado apenas pelo tipo físico e longevidade é entre Ingeborg e a cineasta Leni Riefenshtal (nascida em 1902), também jovem, sensível, bonita e responsável por filmes que enalteceram o nazismo: o da Olimpíada de Berlim, em 1936, chamado *Olympia*, para o qual ela consumiu 400 quilômetros de filme, e o *Triunfo da Vontade*, uma obra-prima em preto e branco, abusando do *chiaroscuro*, do gênero ufanista e patriótico, que serviram muito bem aos propósitos de Hitler, que escolheu, ele próprio, o título do filme.

Leni começou a filmar com 24 anos. Com pouco mais de 30, realizou o seu mais famoso longa, com base no congresso nazista de Nuremberg, onde mais de 1 milhão de soldados alemães desfilavam em formação perfeita.

Embora recebesse a incumbência de fazer filmes para os nazistas, Leni nunca admitiu ter pertencido ao sistema, mas conhecia bem os dirigentes do partido, pelas tarefas que desempenhava. Era vista discutindo detalhes de suas produções com Goebbels, todo-poderoso das comunicações nazistas, com quem frequentava a Ópera, junto com sua mulher, Magda.

Goebbels aprovava todas as requisições da cineasta, com relação aos equipamentos mais modernos, pessoal categorizado, colocação das cameras em posições inéditas, sem que a cineasta jamais precisasse se preocupar com os custos. Exceto quando Leni resistiu aos seus avanços, e ele passou a regular os gastos com as filmagens.

Depois da guerra, virou fotógrafa, especializada em países africanos, como o Sudão, onde registrou em detalhes a tribo Nuba. Ali teve um grave acidente de helicóptero, do qual escapou quase ilesa, apenas com algumas costelas fraturadas. Faleceu com 101 anos.

Há fotos de Hitler em seu casamento com um oficial nazista chamado Peter Jacob, em 1944, assim como Leni tem fotos bem mais recentes com Mick Jagger mostrando o variado leque de seus relacionamentos, que incluía outras celebridades, ao lado de quem se sentia bem.

O caso de Ingeborg nada tem a ver com envolvimento político, foi bem diferente. Perguntada sobre se conhecera Hitler, ela admitiu tê-lo visto apenas uma vez, mirando-o de baixo para cima, num discurso do ditador, em que ele falava de uma tribuna alta, num dos discursos que costumava fazer só para jovens, milhares deles, em campos de futebol ou praças públicas, Alemanha afora.

Num hipotético plano maquiavélico dos alemães, seria difícil imaginar seu encontro com Lutero sendo todo planejado para infiltrar uma espiã no Brasil, com 24 anos de idade, no mais relevante posto de observação possível, dentro do palácio, morando sob o mesmo teto do presidente da

República, seu sogro.

Inge era extrovertida e curiosa, querendo saber tudo sobre o Brasil. Desejava entender o "Estado Novo", e pode ter discutido temas internacionais com Filinto Müller, Lourival Fontes, Eurico Dutra e Góis Monteiro, do alto comando do governo, apesar de que seu interesse fosse focado em arte e cultura.

Ela se situava no centro do poder, e tinha o privilégio de discutir temas brasileiros sem precisar sair de casa. Assim, poderia ter conversado com o presidente também, já que, nas circunstâncias em que Getúlio precisava decidir sobre os destinos do Brasil, uma pessoa recém-chegada da Alemanha, com informações atualizadas sobre o clima social e político no país, seria uma oportunidade rara para ajudar o presidente a decidir sobre de que lado ficar na guerra.

O mais provável é que as conversas tenham sido sobre temas mais corriqueiros.

Um desses bate-papos gostosos do presidente com a alemã foi flagrado numa foto em que Getúlio está encostado braço a braço com Inge, e olha para a alemã, visivelmente encantado, enquanto dona Darcy Vargas, sentada do outro lado, segura a mão dela, com carinho.

É pouco provável que ela tenha influenciado Getúlio a postergar a declaração de guerra à Alemanha, o que fizeram alguns de seus generais brasileiros pró-nazi.

De abril de 1940 até agosto de 1942, Getúlio permaneceu indeciso, buscando aderir ao lado que desse mais vantagens ao Brasil.

Mas a agressão aos navios brasileiros postos a pique por torpedos alemães foi brutal. Na semana anterior à declaração de guerra, houve 607 mortes de brasileiros em decorrência dos ataques de submarinos contra navios nacionais.

1943

A paciência de Getúlio, entretanto, parecia infindável: antes que ele se decidisse a assumir o estado de beligerância contra os países do Eixo, foram afundados pelos nazistas, a maioria nas costas do Brasil, os seguintes navios: Parnahyba, Comandante Lira, Gonçalves Dias, Alegrete, Paracury, Pedrinhas, Tamandaré, Barbacena, Picke, Baependy, Araraquara, Annibal Benévolo, Itagiba, Arará e a barcaça Jacira.

Assim mesmo, só a pressão do povo nas ruas para que Getúlio decidisse finalmente partir para a guerra do lado dos Aliados.

Todos esses episódios foram acompanhados por Ingeborg de dentro dos muros dos palácios do Catete e Guanabara. E ela não cuidava de ser discreta: dirigia um carro no Rio de Janeiro, quando poucas mulheres sabiam guiar, e a gasolina só era liberada para veículos de utilidade pública, como os médicos, ou responsáveis pela segurança.

Ingeborg estudou música com professores de renome, em Berlim. No Brasil tocava violão, praticava esportes, estudava com um mestre-escultor radicado no Rio. Ficou amiga de todo mundo que a interessava, gerando uma ciumeira nas damas da sociedade carioca, que viam nela não apenas uma possível ameaça à sua estabilidade matrimonial. Era uma mulher independente, com ideias próprias, cabeça livre, vida cultural movimentada, o que não era tão comum na Capital da República. De saias, sabia cruzar as pernas com elegância, mas também usava calças compridas: uma mulher moderna num Rio provinciano.

No encontro deste autor com Ingeborg, já nonagenária, em Nova York, a conversa foi muito afável, ao se falar de generalidades daquele Rio de Janeiro em que ela fez sucesso, sobre música brasileira, que ela amava, assim como não se esquecia da beleza da Cidade Maravilhosa. Tinha domínio falado e escrito da língua portuguesa, embora estivesse bem destreinada no idioma.

Adaptada há anos a Nova York, preferia falar inglês. Só interrompeu o papo quando mencionei, de leve, os dois livros que falam das possíveis razões de sua saída apressada do Brasil: *O Anjo da Fidelidade*, de José Louzeiro, no qual o autor fala sobre Gregório Fortunato, guarda-costas de Getúlio, que teria flagrado Ingeborg, às três horas da manhã, ao transmitir, dos jardins do Palácio Guanabara, por telégrafo, mensagens para as embarcações alemãs. E *Getúlio*, de Juremir Machado da Silva, que conta um outro fato hipotético que teria desagradado a Lutero, tornando inviável a permanência de sua mulher no Brasil.

No livro de José Louzeiro, *O Anjo da Fidelidade*, com o subtítulo "A história sincera de Gregório Fortunato", sobre o guarda-costas do presidente, o texto que se refere à cena da suposta ação de espionagem se baseia, segundo o autor, em um jornalzinho de poucas páginas, chamado *Minuano*, que estava entre os papéis antigos de Getúlio. Excertos:

..."Fingindo não se incomodar com as diabolices de Adolf Hitler, Bejo Vargas (irmão de Getúlio) via Inge com grande simpatia e oferecia-lhe presentes. Ao mesmo tempo preocupava-se com sua excessiva curiosidade. Certa ocasião chamou Gregório para uma conversa particular. Sugeriu que ficasse de olho na jovem, atitude essa que o Nego achou absurda. A querida esposa de Lutero esbanjava ternura, além de relacionar-se bem com os funcionários do Guanabara e do Catete, principalmente com os mais humildes, embora falasse um português estropiado."

..."Fiel cumpridor das ordens que recebia, o Anjo Negro passou a seguir a orientação do chefe, mas sempre

imaginando que as suspeitas só poderiam sair da cabeça de um maluco... A partir dessas considerações, o Nego começou a ver a bela Inge com mais realismo. Na madrugada de insônia, decidiu caminhar pelos jardins do palácio Guanabara, onde a família Vargas e parentes residiam. Logo que passou junto ao canteiro das margaridas, parcialmente coberto pela ramada de uma jaqueira, escutou o suave pipilar de um aparelho de telegrafia. Intrigou-se, retardando os passos, afastou os ramos para ver melhor. Embora a noite fosse escura, e pobre a iluminação do jardim, ali havia alguém, e estava se utilizando de um codificador de mensagens. Avançou, o quanto pôde, com extrema cautela, e voltou a espiar. Metida numa capa, com um lenço na cabeça, Inge passava informações. O aparelho que utilizava era mantido numa bolsa. Demorou uns cinco minutos ou mais, até que concluísse a transmissão. Depois, movimentando-se com desenvoltura e abraçada à bolsa, subiu a pequena escada de acesso ao jardim, desapareceu por trás de uma porta".
"O restante da história é Gregório que conta, da busca que fez com Bejo Vargas, nos aposentos de Inge: 'Foi uma trabalheira. A gente abria gavetas e armários, olhava por baixo das camas e nada. Quando já se pensava em desistir, temendo que Lutero aparecesse, eis que Bejo descobre, no banheiro, as malas de viagem. Entre elas havia uma de guardar sapato. Foi nessa que localizamos o rádio com o codificador. Tudo muito bem camuflado.'"
..."Botamos a aparelhagem num saco, metemos na maleta que o Bejo conseguiu, voltamos ao Catete. Dr. Getúlio ficou olhando aquilo tudo, em silêncio. Tirou o lenço do bolso, enxugou os olhos e determinou que o irmão

telefonasse para a Embaixada americana. Pedia que o chefe do Office of Strategic Service (órgão precursor da CIA) fosse ao palácio para uma conversa reservada. No dia seguinte, quando os agentes do OSS já estavam informados, Inge saiu do Guanabara dizendo ao marido que ia à sua modista, em Copacabana. Não chegou lá. Acabou sendo detida no táxi. A explicação dada a Lutero, e a outros membros da família, ficou por conta do presidente".

"Dr. Getúlio jamais quis saber do destino que deram a sua nora, disse Gregório". "Nunca mais mencionou o nome dela. Foi como se não tivesse existido. A partir daí o mundo desabou para Lutero, ele virou um alcoólatra".

A outra versão, do livro *Getúlio*, de Juremir Machado da Silva, embora na qualidade de romance, é mais picaresca, fala de uma amiga de Inge, cujo nome de batismo seria Hanna, e que teria feito revelações importantes para construir a segunda hipótese para a sua saída, ou expulsão do Brasil.

"Inge era mulher muito à frente de sua época, dormíamos juntas, às vezes, e até nos acariciávamos, como duas crianças brincando com os próprios corpos. Mas não éramos lésbicas nem nada. Inge via o corpo humano como uma obra de arte e gostava de me examinar como um modelo sem segredos para ela. Mas era capaz de dar beijinhos leves nos lábios das amigas. Travessuras. Lutero nos surpreendeu na cama sem que o víssemos. Só fui saber disso muitos anos depois. Ele mesmo, na ocasião, não disse uma palavra a Inge, do que viu. Agiu no mais absoluto silêncio. Achou que ela o traía comigo e, na mesma noite, raptou a própria filha para que Inge não pudesse mais vê-la nem contaminá-la com a sua perdição. Esse é o grande segredo da família Vargas..."

..."Carlos Lacerda, em 1954, recebeu todos os detalhes dessa sórdida mentira e ameaçava publicar tudo com uma manchete que fazia Lutero afundar, por antecipação, ainda mais na bebida. Foi por isso que Gregório mandou dar um susto no Corvo."

A manchete de Lacerda que Lutero tanto temia, e que poderia sair na *Tribuna da Imprensa* na época da crise política que levou Getúlio ao suicídio, segundo o livro de Juremir Machado da Silva, era "Corno de Mulher".

Assim, por essa versão romanceada, o atentado da rua Tonelero, na madrugada do dia 5 de agosto de 1954, envolvendo a guarda pessoal do presidente da República, teria sido um crime cometido em reação à ameaça de Lacerda de desmoralizar e desonrar Lutero, com uma manchete arrasadora. E não pelas razões políticas estudadas à exaustão pela história do Brasil contemporâneo.

Sendo a história de Ingeborg muito intrigante, acabam sendo levadas em conta as conjeturas mais extravagantes sobre o que teria motivado a sua saída do Brasil.

No livro *Darcy, a Outra Face de Vargas*, de Ana Arruda Callado, Inge teria ido para Nova York quando ganhou sua bolsa de estudos, e não voltou mais ao Brasil, onde deixou sua filha. A menina foi criada por Spartaco (irmão de Getúlio) e América Fontella Vargas, sendo que Cândida morou ainda com Darcy Vargas, sua avó paterna. Segundo essa versão, Darcy não perdoava o fato de Ingeborg ter abandonado a filha ao decidir viver nos Estados Unidos. No mesmo livro, uma sobrinha de Darcy, Ruth Guimarães, resume o que os Vargas achavam do casamento com Ingeborg: "A família toda achava um desastre o casamento de Lutero".

Ingeborg por John Githens

JOHN LAWRENCE GITHENS, terceiro marido de Ingeborg por 43 anos, contra três de Lutero e 16 do segundo, Paul Lester Wiener, um arquiteto e urbanista sofisticado, elegante e amável.

É natural que fosse a pessoa mais indicada para contar a história de sua mulher, e dos muitos episódios de que participou junto com ela, além de reproduzir relatos que ouviu da companheira.

John é um intelectual americano, que Inge conheceu quando ele dava aula na Universidade de Yale e ela fazia uma pesquisa sobre artistas consagrados, como Marcel Duchamp, Willem de Kooning, Alexander Calder, Saul Steiberg, e outros, para a *New York School University,* com vistas à criação de um museu da universidade.

Githens acredita que a mitologia que acompanha a memória de Ingeborg no Brasil seja uma história fácil de conceber, uma figura onipresente no cinema e na ficção popular: "uma linda mulher jovem, que vem da Alemanha nazista e acaba no palácio presidencial do Brasil, só pode ser uma espiã. Ela não era nada disso, mas o mito é irresistível".

Para Githens, "mais irritante ainda é o livro de Juremir Machado da Silva, um romance chamado *Getúlio.* Se Ingeborg fosse lésbica, não teria se dado bem com três maridos tão diferentes, por tantos anos. E por que Juremir omite o nome da alegada amante dela no Rio, que cita de forma tão extensa?".

Ele afirma que "há muitas outras histórias referentes ao casamento de Ingeborg com Lutero que refletem a sua personalidade, como o fato de ele ter tentado atropelá-la com seu carro, na rua, tendo sido, ele mesmo, vítima de uma tentativa de atropelamento por sua segunda mulher, uma argentina. Nessa manobra violenta, que não atingiu Lutero, ela acabou por perder um bebê que esperava dele".

"Os Vargas são um bom manancial de fofocas", observa Githens, saindo de sua fleuma, ao iniciar o relato sobre a vida de sua mulher e companheira querida, falecida em 2011.

O pai de Ingeborg, Hugo ten Haeff, era rico e influente na cidade de Wesel, Alemanha. A família tinha uma tradicional companhia de iluminação pública, a gás de carvão, usado também para cozinha e aquecimento, antes do gás de petróleo existir. Tinha um negócio muito lucrativo, o que proporcionou à família de Ingeborg uma propriedade muito grande, onde se situava uma imponente mansão.

Sua mãe vinha de uma próspera família, que tinha negócios de confecção em Dusseldorf. Durante a Segunda Guerra, a casa foi destruída pelos arrasadores bombardeios que atingiram a cidade.

No início do poder nazista, Ingeborg teve a vida preservada dentro de sua casa, e não se apercebeu com clareza das profundas mudanças que transformavam seu país.

Ela viu Hitler apenas uma vez, talvez na Olimpíada de 1936, em Berlim. Nessa época vivia numa mansão de seu padrasto, nas proximidades do Estádio Olímpico, o mesmo utilizado na final da Copa do Mundo de 2006, tendo a

Alemanha como país anfitrião.

Achava o ditador nazista ridículo, com seus olhos esgazeados, o ritmo frenético de seus discursos. Tinha facilidade para analisar a personalidade e o estilo das pessoas, mas não se ligava no discurso político. Sendo assim, jamais poderia ter simpatizado com Hitler.

Pertenceu por um tempo à Juventude Hitlerista feminina, a Liga das Moças, que engajava moças de 14 a 21 anos, condição necessária para garantir a admissão na universidade. Mas não se sentiu bem quando precisou estagiar no chamado campo da juventude, durante o inverno, em algum lugar do leste da Alemanha, com o frio cortante. Candidatou-se a auxiliar de cozinha, para se esquentar no bafo dos fogões. Sua tarefa principal era passar margarina em fatias de pão para sanduíches.

Depois de algum tempo, não suportou mais essa vida. Declarou-se muito doente, e acabou deixando o campo. Embora autorizada a partir, sua saída teve sérias consequências, quando ela não pode mais se matricular num curso superior.

O apartamento da mãe, em Berlim, também foi destruído por um bombardeio, e ela só não perdeu tudo porque havia mandado seus móveis, utensílios e obras de arte para uma fazenda na Prússia Oriental. Essa propriedade nunca foi recuperada, havendo conjecturas de que teria ficado com oficiais soviéticos.

Ela nunca chegou a ter conhecimento, apesar de ser ligada às artes plásticas, da exposição de Arte Degenerada que foi montada em Berlim para mostrar a 'decadência do Ocidente'. Nem tampouco da extensão das atrocidades cometidas pelo regime, que se intensificaram depois de 1940, quando ela já estava no Brasil.

Seus amigos mais próximos eram judeus, e a escola

que frequentou, a *West End Schule*, era um estabelecimento progressista, para onde muitos judeus proeminentes mandavam suas filhas. Algumas dessas amigas, que sobreviveram ao nazismo, acabaram por encontrá-la em Nova York, continuando seu relacionamento próximo, na nova cidade.

O segundo marido de Ingeborg também era judeu, assim como uma das amizades que ela desenvolveu em Nova York, com a atriz de cinema Luise Rainer.

O encontro com Lutero Vargas, que se tornaria seu primeiro marido, foi amor à primeira vista.

O que ela achou fascinante no moreno brasileiro de cabelos negros foi o seu comportamento imprevisível, em contraste com os disciplinados e formais jovens alemães que a cortejavam.

Em alemão, Ingeborg dizia que Lutero era o oposto do *buergerlich*, ou burguês. Se ficasse bravo com alguma coisa, contava ela, "Lutero arremessava para qualquer lado seu chapéu, ou casaco, em ataques de ira. Em matéria de dinheiro, sempre foi um 'mão aberta', podendo esvaziar a carteira numa só noitada, tendo que regressar a pé até o local em que estivesse hospedado, em Berlim".

Um dos amigos sofisticados de Inge, o Barão von Plessen, ia buscá-la em seu Mercedes esporte, mas com Lutero a atração se resumia a passeios a pé, pelas ruas da cidade. Às vezes, iam aos sofisticados Ciro Bar e Hotel Eden, para tomar coquetéis e dançar, onde ele chegava ao limite de seu crédito.

Esse comportamento desprendido acabou tornando Lutero um querido de Inge, e, mais do que tudo, o fato de ele ser tão diferente de toda a turma.

Seu namorado brasileiro era para ela o "doidinho", ou "Verruecktchen", por quem se apaixonou.

Ela sabia pouco sobre o Brasil, mas o clima tropical a

atraía, apesar de que todo mundo dissesse coisas muito fantasiosas sobre o país que a esperava. Por exemplo, que ela teria um filho negro com Lutero, porque a crença é que todo brasileiro representaria uma mistura de raças "impuras", ideia que casava bem com os conceitos nazistas da "raça pura", cada vez mais difundidos na Alemanha hitlerista.

Em vez de ficar preocupada, achou interessante a ideia de ter um bebê negro.

Ao chegar ao Rio, apesar dos maus presságios com que tinha sido contaminada na despedida, achou a cidade encantadora e moderna, na primavera de 1940.

Partindo de Lisboa num navio português, percebeu que havia entrado num poderoso círculo de poder, ao receber ofertas de presentes muito valiosos, até joias raras, de pessoas desesperadas para sair da Europa.

Se tivesse possibilidade de ajudá-las, o que não era o caso, não teria incorrido nesse deslize ético.

Ao entender o que significava ser nora do presidente do Brasil, sentiu-se num conto de fadas, encantada com o que o destino lhe reservara, apesar de não falar português. Uma funcionária finlandesa que trabalhava com a família Vargas serviu de intérprete na primeira fase de sua vida na capital da República.

Logo estava engajada em intensa vida social, conhecendo as pessoas mais proeminentes da cidade. Tinha um Ford cupê, no qual circulava bastante, com seus cabelos negros ao vento.

Em matéria de artes encontrou não apenas o seu professor de escultura. Estudou violão acústico com Patrício Teixeira, e fazia sucesso nas festas que frequentava, quando atendia a pedidos para tocar, mesmo depois de ir para Nova York.

1943

Uma artrite precoce impediu-a de tocar violão, e Inge passou a pintar, em 1950, em Nova York.

Numa época em que a guerra era o assunto principal, Ingeborg parecia não acompanhar os acontecimentos na Europa, que tinham tudo a ver com o seu povo. Não entendia textos em português, e não achava de bom tom ler jornais em alemão, durante a guerra, embora o Brasil ainda fosse neutro naquela época.

Almoçava todo dia no Palácio Guanabara, com o presidente, e Lutero, além de membros do governo. Getúlio prestava atenção ao que ela dizia, mas nunca fazia comentários sobre os eventos que se sucediam no país, ou no exterior. Nesse período as cartas da Alemanha já não eram entregues no Brasil.

Todo mundo na família ficou surpreso quando Getúlio foi pessoalmente a uma joalheria e escolheu um relógio de ouro como presente para a nora Inge.

Dona Darcy não era muito próxima da alemã. Gostava de jogar cartas, mas Ingeborg não tinha interesse no assunto. Assim como não queria conversa com amigas de sua sogra, sempre prontas a aproveitar a proximidade do poder para tentar favorecer seus próprios maridos, e fofocar sobre nomes de pessoas de uma sociedade que ela desconhecia.

O pai de Getúlio, general Manoel Vargas, foi morar com a família do presidente, o que desagradou a dona Darcy, mas ficou próximo de Ingeborg, tanto que foi seu padrinho de batismo, ao se tornar católica apostólica romana, condição para casar-se com Lutero.

Alzira Vargas teve ciúmes do pai com a chegada da alemã, mas não foi desagradável com ela, nem tampouco efusiva. Inge achava a outra filha, Jandyra, uma figura que não tinha alcançado o nível normal de desenvolvimento mental.

Em relação à opção de quem o Brasil deveria apoiar na guerra, Ingeborg não deve ter influenciado as autoridades com que tinha contato, não só porque ainda não dominava a língua do país, como porque suas conversas, em geral, tratavam de temas mais amenos.

Foi só após a Guerra que ela começou a se inteirar das barbaridades perpetradas pelos nazistas. Ao visitar a Alemanha, a partir de 1970, onde encontrou a mãe, visitou o campo de concentração de Dachau, próximo a Munique. A cidade em que morou, em criança, foi 95% destruída por bombardeios. Hoje, no museu da cidade, em reconhecimento à artista que teve uma carreira muito bem sucedida nos Estados Unidos, há seis telas grandes pintadas por Ingeborg.

Após ter o seu apartamento de Berlim destruído, sua mãe foi presa pela Gestapo, e enviada para um campo de prisioneiros, até o final da guerra. A irmã de Ingeborg perdeu um bebê, porque não tinha leite, nem conseguia comprar o produto para alimentá-lo.

Depois deve ter sido estuprada pelos soldados russos, o que, na invasão, atingiu praticamente todas as mulheres alemãs, de meninas a idosas, com a anuência da oficialidade soviética, embora não falasse sobre isso.

Sobre a questão de Lutero ter pedido o divórcio, existe o fato de que o filho do presidente, na ocasião alistado na FEB, teve um romance arrebatador com uma socialite americana chamada Nancy Tuckerman. O casal acabou se reunindo em Roma, na libertação da cidade, em 1943, e Nancy viajou na falsa condição de enfermeira, uma categoria profissional muito requisitada na ocasião. A embaixada do Brasil em Washington, a pedido de Lutero, trabalhou para que Nancy conseguisse entrar na Itália, numa época de escassez de alimentos.

1943

Embora a campanha da FEB na Itália não tivesse acabado, e passasse por uma fase mais aguda de baixas de soldados brasileiros, o comportamento do casal de amantes, em Roma, não parecia levar em conta a situação de penúria e sofrimento que atingia combatentes e população civil.

Quem revelou esses fatos foi uma alemã chamada Hilde Strauss, uma judia refugiada de Hitler, que acabou recrutada pelo serviço secreto americano, o OSS (Office of Strategic Services), que antecedeu a CIA, por isso mesmo muito bem informada.

Inge não sabia de nada disso, mas notou algumas mudanças estranhas em Lutero. Seu marido ficava se observando no espelho com o reluzente uniforme militar, enquanto ajeitava o boné da farda para encontrar seu melhor ângulo. Ela achava estranho, mas não entendia o porquê desse novo comportamento.

Seria bem provável que Inge continuasse morando no Brasil, pelo fato de sua filha ser brasileira, não fosse a separação pedida pelo marido.

Naquela época existia o desquite, mas, na separação, Ingeborg não recebeu nenhum valor ou propriedade. Precisou até mesmo pagar pelos selos do cartório exigidos para validar o documento.

Os bens que ela havia deixado na Alemanha, alguns anos antes, tinham sido vendidos pela mãe e irmã, na luta pela sobrevivência em território arrasado.

Ela seguiu morando no Rio, após o desquite, num apartamento em que vivia com Lutero, mas o marido mandou tirar de lá, com o auxílio de funcionários do palácio, vários pertences, e muitos dos móveis.

Ficou sem nenhum recurso e foi auxiliada por suas amigas cariocas Gilda Sampaio (Rocha Miranda de solteira), e

Camelia Riso, que forneciam os meios para que se alimentasse, assim como seu dedicado professor de violão, Patrício Teixeira.

Sua filha Cândida Darcy vivia com ela, mas foi levada pela família Vargas, sob o pretexto de que a menina deveria participar de uma festa de aniversário, mas nunca retornou.

A criança não foi criada pelo pai, depois de levada para o Rio Grande do Sul, onde ficou aos cuidados de uma parente distante, "tia América". Para Cândida foi dada a informação de que sua mãe havia morrido.

Diante das circunstâncias, não é de admirar que não quisesse ter muito contato com a mãe, pelo resto da vida, até falecer, em São Francisco, Califórnia, em 2001, vítima de câncer no esôfago.

Após perder a guarda da filha, Ingeborg tentou reavê-la por seis meses. Sem conseguir, enfrentando forças poderosas, decidiu deixar o país.

Sua amiga Gilda, casada com Paulo Sampaio, sócio da Panair do Brasil, conseguiu lugar para ela num Constellation que retornava para manutenção nos Estados Unidos.

Com ela, no avião, estava a mulher de James Forrestal, que foi Secretário da Defesa dos EUA, cujo nome batizou um dos maiores porta-aviões americanos.

E também a mulher do embaixador dos Estados Unidos no Brasil, Adolph Berle, casais com quem ela ficou hospedada, numa das escalas do voo, na residência do governador britânico de Trinidad.

Nelson Rockefeller, buscando sempre agradar a família Vargas, chegou a mandar, de presente, materiais agrícolas e gado para a fazenda de Alzira do Amaral Peixoto.

Como político e empresário americano, ele tinha muitos interesses no Brasil, e apoiou Inge em sua chegada a Nova

York, tendo conseguido para ela uma bolsa na prestigiosa Juilliard School of Music, onde estudou violão.

Sua primeira exposição como artista plástica foi no final de 1950, na Galeria 'New School Associates', com acolhida muito boa dos críticos, e venda total da coleção exibida.

Githens tem uma relação cordial com a neta de Ingeborg, Alexandra Manuel Vargas Hamilton, que vive em Nova York e é casada com o humorista e roteirista Billy Kimball, com quem tem dois filhos, Fernanda e Austin, bisnetos de Inge, que têm sangue brasileiro nas veias. Afirma que "há mais histórias por contar", e repete que "os Vargas são um bom manancial de fofocas".

Comemoração em Natal

ROMMEL NÓBREGA, fotógrafo, caminha lampeiro entre os jipes que comemoram mais um aniversário do encontro entre Roosevelt e Getúlio em Natal. Ele é o autor da foto que mostra a saída do cortejo pelas ruas da cidade, numa tentativa de reproduzir o que aconteceu em 1943, quando os presidentes de Estados Unidos e Brasil saíram num jipe americano, da Rampa, e chegaram à base aérea de Parnamirim.

O homônimo (só no sobrenome) do fotógrafo, general Erwin Rommel, foi o grande inimigo dos ingleses na batalha de tanques da África do Norte, onde a vitória dos Aliados deteve o progresso das tropas nazistas que até então avançavam com desembaraço por Europa e África. Uma invasão do Brasil a partir de Natal, saindo de Dacar, na África, seria uma consequência possível da vitória alemã naquele instante.

Em vez disso, foi de Natal que partiram alguns milhares de aviões a abastecer o exército do general britânico Bernard Montgomery, viabilizando a vitória final aliada.

Com organização da Fundação Rampa, foi a quarta vez em que o dia 28 de janeiro foi comemorado com um desfile, desde o encontro, que ficou conhecido como Conferência do Potengi. O trajeto do cortejo que passa, em comemoração ao encontro dos presidentes em 1943, atravessa o centro da capital potiguar, uma região que deixou de se renovar e crescer, em benefício do desenvolvimento dos bairros mais novos da cidade.

A impressão que fica é a de que os dias de glória daquela área foram mesmo os anos da guerra, em que prédios nobres, com as fachadas trabalhadas com detalhes em ferro batido ficavam lado a lado, ostentando os nomes dos estabelecimentos comerciais mais importantes da cidade.

Naquela época, a chegada a Natal das embarcações de recreio e de abastecimento da cidade era feita por uma rua movimentada, chamada Tavares de Lira, frequentada pelos soldados americanos que iam e vinham da praia da Redinha. Trata-se de uma rua larga, com construções de boa qualidade dos dois lados, que formavam uma espécie de portal de entrada da cidade, na região em que tudo acontecia.

De um modo geral o comércio debandou daquela região, exceção feita a uma loja chamada Casa Rio, na parte alta da cidade velha, que permaneceu na mesma região, agora com o nome de Rio Center.

Examinando as construções mais nobres do centro de Natal dá para perceber que as estruturas estão desabando, sendo que primeiro cedem os telhados, depois as fachadas, trabalhadas em arabescos e volutas, das residências e casas comerciais mais abastadas da época, muitas prestes a ruir.

Se a histórica passagem de Roosevelt e Getúlio se repetisse hoje, a paisagem urbana estaria bem aquém do estado de conservação dos edifícios e do dinamismo do centro da cidade em 1943, de onde se originaram as 2,8 mil pessoas que trabalharam em Parnamirim *Field*, uma base com capacidade para 250 aviões e tripulações ao mesmo tempo.

E se alguém procurar por alguma placa ou indicação

COMEMORAÇÃO EM NATAL

de onde ocorreram na cidade aqueles episódios históricos, também ficará sem informação.

O ponto alto da manhã de 28 de janeiro de 2012, já próximo do meio-dia, é a caravana de veículos que começa a circular por Natal, sob escaldantes 37°C de temperatura à sombra: um grupo eclético, com as réplicas dos jipes originais do cortejo de 1943 convivendo com algumas motocicletas tipo Easy Rider, típicas da Califórnia, que nada têm a ver com assunto, mas dão brilho à festa, pelos capacetes estrelados dos pilotos.

A preocupação maior de Reinaldo Azevedo, cabelo cacheado sob o boné, ao assumir o comando de seu jipe para conduzir os "presidentes", foi saber se era possível passar impune pelos sinais vermelhos do trajeto, imbuído da autoridade de conduzir gente importante, mesmo na simulação.

Sua ocupação normal é a de vocalista e organizador da banda *Anos 60*.

Seu jipe, que desfila com garbo por Natal, tem direção hidráulica, motor de Opala, freio a disco. Não é tão original como o veículo que conduziu os presidentes, em 1943, mas não quebra, decorridos tantos anos, o que é o mais importante num desfile. O outro jipe, que segue logo atrás, é todo original, de que se gaba seu proprietário, mas tem dificuldade para completar o percurso até a base militar, vitimado pelo desgaste das peças da época.

Apesar de os avisos pelo alto-falante sobre as razões daquela passeata, o povo olha para o desfile com perplexidade e pontos de interrogação no olhar, o que se justifica pelo fato de o acontecimento ser tão remoto, presente apenas na memória de alguns poucos representantes da terceira idade.

A testemunha de sempre é dona Maria Lúcia Lira Hipólito da Costa, 84 anos, que se arruma com cuidado, bem maquiada logo cedo, na manhã do dia histórico, com seu vestido de estampas coloridas em roxo e branco, chapéu também branco, onde se destaca uma flor artificial da mesma cor. Completada a toalete com a aspersão de água de colônia, parte para a Rampa, atrás dos seus três minutos anuais de celebridade no jornal local da Globo.

A personalidade que se senta no jipe a representar Getúlio é Roberto de Souza, nascido em 1954, pescador que trabalha no mercado de peixe local, onde o que dá mais é cioba, que no Sul é o vermelho. Considera o desfile emocionante, mas não sabe exatamente o que significa. Assim mesmo ocupa um lugar de honra, o de Vargas. Sabe apenas que ele foi um grande presidente. Vai de camisa branca de mangas compridas, gravata escura e chapéu de palhinha, para permitir a tão necessária ventilação da cabeça.

Jair Cota, no banco da frente, também está de camisa branca de mangas compridas e gravata escura, com um chapéu de abas arredondadas, que está mais para polícia montada do Canadá do que para Roosevelt. Ele é gestor ambiental da universidade potiguar UNp, nascido em 1963. Não conhece as razões da comemoração, "porque não era nascido", mas acena para o povo o tempo todo, seguindo o modelo de Roosevelt no desfile original.

Com direito a sentir mais calor ainda que os outros participantes está Edinor Batalha de Araújo Jr., aposentado da Universidade Federal do Rio Grande do Norte (UFRN), oficial da reserva e assessor do prefeito do campus da universidade. Fervendo dentro da farda completa, com aquele sol a pino, Edinor julgava estar no lugar do general Cordeiro de Farias, quando na verdade representava o almirante Ingram, o sorridente comandante da Marinha americana, sentado no banco de trás no trajeto original, responsável pelas bases do litoral brasileiro durante a guerra.

No meio do caminho, uma passada em frente ao "hotel dos americanos", onde todas as personalidades que visitaram a cidade na época da guerra estiveram hospedados. O terraço do hotel, na hora do chá, era o ponto mais chique da cidade.

Hoje o prédio está mal-tratado, virou repartição pública com aspecto decadente, como a maioria das construções do centro antigo. Ali os soldados americanos circulavam sem parar, quando não estavam em serviço. Enchiam as ruas, alimentando um comércio que faturava em dólares.

Agora o entretenimento boêmio é na Ponta Negra, onde os novos hotéis, restaurantes e cafés têm grande frequência de estrangeiros.

Num dos bares ao ar livre, com mesas altas e banquetas, sob teto de lona, propiciando encontros de pequenos grupos com garotas locais, um turista brasileiro se achega a um grupo de moças que entretinham alguns estrangeiros, com seu falso inglês. Quando puxa conversa com uma delas, em português, recebe uma resposta que confirma a preferência das brasileiras pelos alienígenas, desde a época da base aérea: "Não é porque você é brasileiro que não vou conversar com você", saúda com patriotismo e condescendência.

ATÉ DENTRO D'ÁGUA

O jipe era responsável pelo transporte dos soldados americanos em toda parte do mundo, também em Natal. Prestava serviços diversos, com resistência a toda prova, como percorrer trajetos dentro d'água, mesmo sem ser anfíbio, valendo-se do escapamento voltado para cima.

GETTY IMAGES

UM HERÓI PACIFISTA

Charles Lindbergh foi um dos maiores heróis dos Estados Unidos de todos os tempos. Fez um voo-solo pioneiro, de 32 horas sobre o Atlântico Norte, em 1927, com seu avião Spirit of Saint Louis. Teve recepção apoteótica em Nova York. Antes da Segunda Guerra Mundial, foi convidado pelo marechal Goering, do grupo íntimo de Hitler, a visitar as fábricas de aviões militares na Alemanha nazista. Ficou tão impressionado com o que viu, em matéria de tecnologia aérea, que passou a ser um pacifista ferrenho. Participou do movimento pela neutralidade dos Estados Unidos.

AP PHOTO / GLOW IMAGES

CHURCHILL E ROOSEVELT

Os dois líderes mais influentes dos Aliados encontraram-se em Casablanca para uma reunião de cúpula, de que também participou Charles de Gaulle. O presidente americano fez um pronunciamento de surpresa em que declarou que só aceitaria uma rendição incondicional da Alemanha.

GETTY IMAGES

EMBAIXADOR INFLUENTE

Oswaldo Aranha *(dir.)* era o anjo da guarda de Getúlio. Ao opinar sobre assuntos internacionais, influenciava as decisões do presidente. Aranha enviava, da embaixada do Brasil em Washington, informações atualizadas sobre o conflito. Fez muita pressão para que o Brasil aderisse aos Aliados, e não aos nazistas, o que acabou acontecendo. Na foto, ele está com Walt Disney *(esq.)*.

A PRIMEIRA COCA-COLA NO BRASIL

A primeira Coca-Cola não foi "nas asas da Panair", como canta Milton Nascimento. Surgiu em Natal, na base aérea de Parnamirim. O soldado está sendo entrevistado, antes mesmo de tomar o primeiro gole.

FILHO QUERIDO
Getulinho era o filho preferido de dona Darcy. Depois de sua morte prematura, em 1943, ela passou a usar um broche, com a foto de seu caçula, pelo resto da vida.

UMA ALEMÃ NO PALÁCIO
Ingeborg, casada com Lutero Vargas, chegou da Alemanha no auge da guerra, e foi muito bem recebida pelos sogros. Sua saída do Brasil, onde ficou a filha Cândida Darcy, deu margem a muitas interpretações.

FILHA E COMPANHEIRA
Alzira do Amaral Peixoto, com grande vocação e experiência política, era a companheira de todas as horas do pai, com quem discutia os problemas mais sérios do governo. Teve destacada atuação, até a última reunião de Getúlio, no Palácio do Catete, em agosto de 1954.

JUVENTUDE E BELEZA
O casamento civil de Lutero Vargas com Ingeborg ten Haeff foi realizado no Palácio Guanabara, Rio de Janeiro. O pai de Getúlio, general Manoel Vargas (de óculos), foi um dos padrinhos. A noiva, vestida de branco, destacava-se pela juventude e beleza, numa cerimônia em que as demais pessoas estavam de preto.

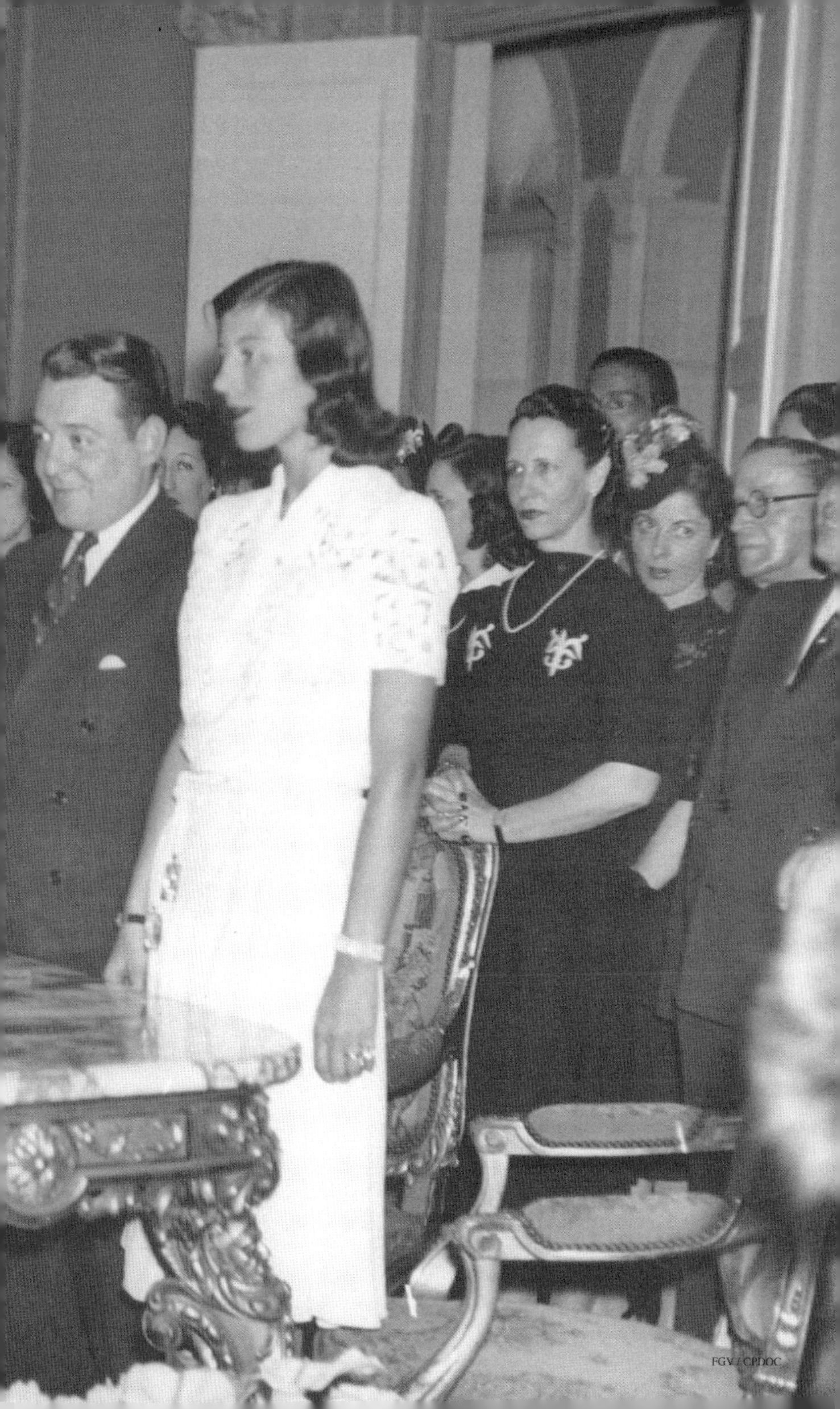
FGV / CPDOC

ESTILO PRÓPRIO
O estilo de Ingeborg era inconfundível, o que a tornou conhecida e respeitada no mundo das artes. Ela criava sua própria moda, e também os adereços, que usava com estilo.

ARQUIVO JOHN GITHENS / EVELYN HOFER

INGEBORG E GITHENS

Seu terceiro marido, John Githens, professor universitário e tradutor do idioma russo, foi seu grande incentivador, na longa e bem sucedida carreira como pintora, em Nova York, onde ela faleceu, em 2011.

ARQUIVO JOHN GITHENS / LINDA ALPEZN

PRODUÇÃO PESSOAL

As roupas e os adornos de Ingeborg eram produzidos como se fossem uma extensão de sua arte. Tinha presença marcante, mesmo em idade avançada.

ARQUIVO JOHN GITHENS

RECEPÇÃO SOFISTICADA
Na visita ao Rio, em 1936, Roosevelt ficou encantado com a força da personalidade e o charme de Getúlio. Dona Darcy Vargas está de chapéu preto, e Maria Cecília Fontes aparece de branco. Com seu marido E. G. Fontes, ela foi anfitriã do presidente americano por algumas horas, em sua sofisticada residência na Gávea Pequena.

FGV / CPDOC

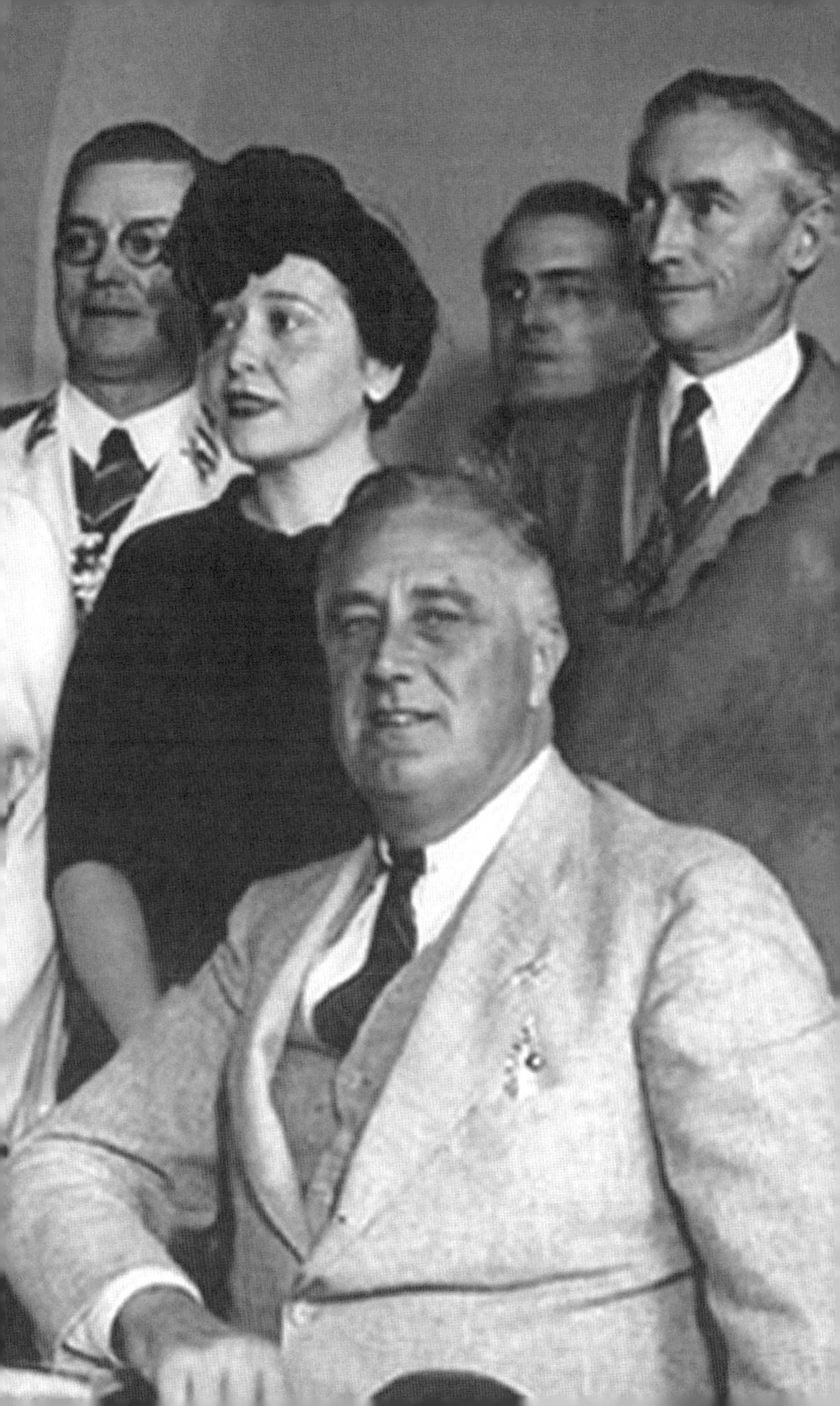

UM AGRADO PARA GETÚLIO

Quando o Brasil ainda não havia decidido de que lado entraria na guerra, o governo americano se preocupou bastante em agradar aos brasileiros, e a Getúlio, em particular. Foi a época de Walt Disney com a criação de Zé Carioca, da repercussão do sucesso de Carmem Miranda, da presença de Orson Welles no Brasil. Até um busto de Getúlio foi encomendado por Roosevelt, ao escultor Joe Davidson, que veio ao Brasil especialmente para cumprir a tarefa.

FGV / CPDOC

DEMOLIÇÃO DO SENADO FEDERAL NO RIO

O Palácio Monroe, sede do Senado no Rio de Janeiro, fazia parte de um importante conjunto de edifícios clássicos, do entorno da Av. Rio Branco, como o Teatro Municipal. Foi demolido, numa época em que o Condephaat ainda não tinha muita atuação. Virou a praça Mahatma Gandhi, com um estacionamento embaixo.

NATIONAL GEOGRAFIC / GETTY IMAGES

BRASIL X EUA

Fernando de Mendonça, um brasileiro treinado pelos americanos na base aérea de Corpus Christi, no Texas, serviu em Natal. A Segundo-Tenente norte-americana, enfermeira Thelma Tamlyn serviu em Recife fazendo voos para a Ilha de Ascenção. Também esteve em Parnamirim. Conheceram-se durante uma folga em Miami e casaram-se, ao descobrir a coincidência de sua presença no Brasil, onde decidiram morar após a guerra.

SIKORSKY S-42

Prato comemorativo do primeiro voo da rota Miami-Rio de Janeiro, com o hidroavião Sikorsky S-42. A madrinha da nova rota foi D. Darcy Vargas, cujo nome aparece no verso do prato como sendo "a Primeira Dama do país, senhora Getúlia Vargas".

Leituras

AMARAL, Domingos. *Enquanto o ditador dormia...* Rio de Janeiro: Nova Fronteira, 2006.
BUCHHEIM, Ginther. *Das Boot*. Lothar, Cassell, 1975.
CALLADO, Ana Arruda. *A outra face de Darcy Vargas*. Rio de Janeiro: Editora Batel, 2011.
COSTA, Sérgio Correia da. *Crônica de uma guerra secreta*. Rio de Janeiro: Record, 2004.
DOENITZ, Karl. *Memoirs*. Grand Admiral, Da Capo Press, 1997.
GAMBINI, Roberto. *O duplo jogo de Getúlio Vargas*. São Paulo: Editora Símbolo, 1977.
GITHENS, John. *ten Haeff*. New York: Nabi Press, 2004.
GRANDIN, Greg. *Fordlândia*. Rio de Janeiro: Editora Rocco, 2009.
HARRISON, John R. *Fairwing Brazil:* Tales of the South Atlantic.
IRVING, David. *Secret Diaries of Hitler's Doctor*. London: Grafton Books, 1983.
JENKINS, Roy. *Franklin Delano Roosevelt*. New York: Times Books, 2003.
KERSHAW, Ian. *The End*. New York: The Penguin Press, 2011.
LENHARO, Alcir. *Nazismo, O Triunfo da Vontade,* São Paulo, Editora Ática, 1994.
LOPES, Adriana; MOTA, Carlos Guilherme. *História do Brasil:* Uma interpretação. São Paulo: Editora Senac, 2008.
LOUZEIRO, José. *O anjo da fidelidade*. Rio de Janeiro: Francisco Alves, 2000.
MCCANN, Frank D. *Aliança Brasil Estados Unidos 1937/1945*. Rio de Janeiro: Biblioteca do Exército Editora, 1995.

MELLO, José Carlos. *Os tempos de Getúlio Vargas.* Rio de Janeiro: Topboorks Editora, 2011.

MORAIS, Fernando. *Olga,* São Paulo, Companhia das Letras, 1994.

MOURA, Gerson. *Sucessos e ilusões.* Rio de Janeiro: FGV, 1991.

MUYLAERT, Roberto. *Alarm!* São Paulo: Editora Globo, 2007.

NABUCO, Joaquim. *Discursos Parlamentares.* Brasília: Câmara dos Deputados, 1983.

PINTO, Lenine. *Natal, USA.* Natal, 1995.

ROOSEVELT, Franklin D. *The Public Papers and Addresses.* Nova York: Random House, 1938.

SANDER, Roberto. *O Brasil na mira de Hitler.* Objetiva, 2007.

SERVIÇO DE DOCUMENTAÇÃO, Geral da Marinha. *História Naval Brasileira.* Rio de Janeiro: 1985.

SHERWOOD, Robert. *Roosevelt e Hopkins.* Rio de Janeiro: Editora Nova Fronteira, 1998.

SILVA, Hélio. *O ciclo de Vargas.* Porto Alegre, L&PM, 2004.

SILVA, Juremir Machado da. *Getúlio.* Rio de Janeiro: Record, 2004.

SMITH JR., Claude. *Trampolim para a vitória.* Natal: UFRN – Editora Universitária, 1993.

SOARES, Jô. *As Esganadas.* São Paulo: Companhia das Letras, 2011.

WYNN, Kenneth. *U-Boat Operations of the Second World War.* Naval Institute Press, 1998.

VARGAS, Alzira. *Getúlio Vargas, meu pai.* Rio de Janeiro: Editora Globo, 1960.

VARGAS, Getúlio. *Diário.* São Paulo: Siciliano/FGV, 1995.

VARGAS, Lutero. *Getúlio Vargas e a revolução inacabada.* Rio de Janeiro: Bloch Editores, 1988.

WERNER, Herbert A. *Iron Coffins.* Cambridge, MA: Da Capo Press, 1969.

WOLF, Grey. *The Escape of Adolf Hitler.* New York: Sterling, 2011.

LEITURAS

ARQUIVOS CONSULTADOS:
Arquivo Nacional
Arquivo da Marinha – DPHDM
CP/DOC – Centro de Pesquisa e Documentação de História Contemporânea do Brasil da Fundação Getúlio Vargas – FGV
Fundação Rampa
Franklin Delano Roosevelt Library
INCAER – Instituto Cultural da Aeronáutica
Museu Aero-espacial
The Library of Congress – Washington DC

JORNAIS E REVISTAS:
No Brasil

A Manhã; Brasileiros; Correio Paulistano; Diário de Natal; Diário de São Paulo; Jornal do Brasil; O Estado de São Paulo; O Globo

Nos EUA

Chicago Tribune; Herald Tribune; Life; The New York Times; The Washington Post

AGRADECIMENTOS

Celina Muylaert, César Pereira, Dinho Leite, Edla Van Steen, Ernesto Klotzel,
Fernanda Cirenza, Fred Nicolau, Jack Harrison, Jeanete Musatti, Paulo Levy,
Gustavo Curcio, Hélio Campos Melo, Mauro Ventura, Maria Giani Pinho de Sousa,
Mário Cuesta, Neusa Ming Hallais, Paula Sperandio, Reinaldo Azevedo,
John Lawrence Githens, Roberto Duailibi, Rodney Monti, Roberto T. de Mendonça,
Cel. Aviador Rômulo Figueiredo, Rodrigo de Faria e Silva, Rommel Nóbrega,
Rosana Manduca e Vavy Pacheco Borges

Esta obra foi composta em Times New Roman e Palatino
por RMC Editora Ltda. e impressa pela
Bartira Gráfica e Editora Ltda. em papel off-set 90g/m² para
a Bússola Produções Culturais e Editora Ltda.,
em junho de 2012, na cidade de São Paulo